BRILLANTE

Stéphanie Dupays

BRILLANTE

ROMAN

MERCVRE DE FRANCE

À mes parents
et mes grands-parents

« Excellente soirée, madame, excellente soirée, monsieur ! » Claire et Antonin avancent du bon côté de la barrière que le vigile ouvre pour eux. Claire est fière de sentir sur elle les regards des badauds qui ralentissent le pas devant le Centre Pompidou. Tout privilège suscite chez ceux qui en sont exclus l'envie d'y accéder. C'est la base du marketing, créer le désir de faire partie du club. Aujourd'hui, c'est sa soirée, seules les jeunes recrues les plus performantes sont conviées au cocktail concluant l'assemblée générale de Nutribel.

Une hôtesse s'approche de Claire et Antonin pour les débarrasser de leurs manteaux et de leurs écharpes. Sourire respectueux, chignon impeccable. « Très belle soirée ! » Les pardessus sont à peine enlevés qu'un serveur aux gants blancs leur propose une coupe de champagne. Sourire étiré jusqu'aux joues. *L'agence VIP, « créateur d'émotions » met à votre disposition hôtes et hôtesses sélectionnés pour leurs compétences et leur distinction afin de véhiculer l'image de votre entreprise avec un objectif d'excellence et de convivialité.*

Pour sceller l'OPA du marketing sur la culture, le portrait de Georges Pompidou en suspension a été remplacé pour la soirée par le logo de Nutribel.

Claire et Antonin jettent des regards sur la foule. Claire tire Antonin par la manche : « Viens je vais te présenter quelqu'un. » Voici Thomas Lefranc qui s'avance vers eux. Lui aussi a fait l'École, une année plus tôt. Il serre la main d'Antonin, embrasse Claire. « Belle performance, tu peux être fier d'elle. » Le champagne n'a jamais semblé aussi délicieux à la jeune femme. Thomas continue de plus belle. « Elle ne t'a pas encore dit ? Cet après-midi Claire a présenté à toute la boîte le projet Love your health, devant tous les big boss de Nutribel. Elle a tapé dans l'œil de Frédéric Feld, le n° 2 de la boîte. » Non, elle ne le lui avait pas dit. Elle souhaitait attendre le moment idéal pour ménager ses effets. Finalement, c'est peut-être mieux ainsi : c'est si jouissif d'entendre un collègue vanter sa performance à l'être aimé ! L'image qu'un couple projette sur autrui, ça compte beaucoup et elle croque résolument la coque caramélisée d'un bonbon foie gras framboise. Très bel équilibre entre l'onctueux et l'acide.

À quelques pas, le directeur financier explique à un groupe de hocheurs de têtes, chiffres à l'appui, comment la France peut retrouver la croissance. Tout en s'appuyant d'une main sur le buffet pour soulager son dos mis à mal par la cambrure excessive imposée par ses escarpins, Claire attrape un petit-four au design futuriste. En un coup d'œil, elle sélectionne celui qui présente le moins de risque social : pas d'herbe qui se coincerait dans l'émail, pas d'architecture alambiquée susceptible de glisser et tacher, pas de saumon qui laisse l'haleine chargée. Toujours tout contrôler. Et vérifier de temps à autre sur son miroir en ouvrant discrètement son sac à main. Tout va bien. Elle échange un regard de connivence avec Antonin. Comme une douce mélopée, leur parviennent les échos de la voix du directeur financier qui continue à créer du PIB, à remettre la France au travail et à résorber la dette. Ils ont à peine vingt-cinq ans et le monde leur appartient.

Claire et Antonin travaillent beaucoup ; ils se voient comme deux randonneurs de haute altitude. Ils perçoivent leur milieu professionnel respectif comme un Everest qu'on ne gravit pas sans effort. Il faut du souffle, de l'endurance, de la technique, et cette volonté de continuer même les jours où la fatigue vous envahit et qu'il serait si tentant de sortir tôt du bureau, de couper son téléphone pour siroter un cocktail en terrasse. Évidemment, l'effort offre quelques gratifications. Le trading de métaux conduit Antonin aux quatre coins du monde. Lorsque la destination est à quelques heures de vol de Paris, Claire le rejoint le week-end dans un hôtel cinq étoiles aux peignoirs moelleux et aux vues panoramiques. Ce soir, c'est la privatisation du musée qui récompense les salariés de Nutribel de leur jeunesse sacrifiée à l'essor de l'entreprise.

Les conversations s'éteignent et une rumeur emplit la salle. Le P-DG de Nutribel monte sur l'estrade. Mâchoire puissante, mèche châtain savamment travaillée, chevalière au doigt, un acteur de publicité pour eau minérale. Pourquoi les gens qui ont du pouvoir semblent-ils si beaux ? Descendant d'une lignée de chefs d'entreprise, il a hérité de cet ascendant naturel qui ne s'apprend pas dans les livres mais se diffuse par contagion familiale.

« Chers collaborateurs, l'année 2013 marque un cap essentiel pour Nutribel. En dépit de la conjoncture économique, Nutribel a dépassé les vingt milliards d'euros de chiffre d'affaires. Ce succès, vous y avez tous contribué. Les équipes ont relevé le défi. Mais l'argent n'est pas tout. Une entreprise doit à la fois créer de l'avoir, c'est-à-dire des produits, mais aussi de l'être, du sens et de l'épanouissement personnel... » Le directeur financier pianote sur son smartphone avant de le ranger dans sa poche.

Sourire, signe de la main, hochement de tête. Claire époussette deux miettes tombées sur le devant de sa robe. Elle n'entend plus qu'une rumeur lointaine, elle a perdu le fil du discours, se reconcentre, fronce les sourcils. « Notre modèle repose sur vous, qui apportez la santé dans le monde entier par une alimentation saine et diversifiée. — Une alimentation saine et diversifiée, il se prend pour Bernard Kouchner ? — Chut Antonin. — Nutribel fabrique des yaourts pour faire du profit, pas pour endiguer la faim dans le monde. — Chut. »

Les P-DG d'aujourd'hui cherchent à donner une apparence morale et sociale à leur activité, comme s'il était devenu honteux de faire du business. Mais chez Nutribel on concilie réellement éthique et rentabilité. C'est pour cela que Claire l'a choisi. Et le programme proposé par le groupe à ses collaborateurs, s'épanouir dans le travail, se réaliser dans l'entreprise, c'est exactement ce qu'elle attend de son job. Claire veut un métier passionnant, avec des défis à relever chaque jour, pas comme celui de ses parents qui, tous les soirs, cochent sur le calendrier de la Poste la case les rapprochant de la retraite tant attendue.

Crampe au pied droit tandis que le P-DG embraie sur l'innovation, son dada du moment. Dans le miroir de la boutique, ces chaussures lui faisaient des jambes de conquérante. Claire n'a pas pu résister. Peut-être n'aurait-elle pas dû écouter la vendeuse lui assurant que le cuir allait se détendre. La bride lui cisaille les chevilles, la cambrure distend à l'excès le cou-de-pied, une crampe au mollet lui coupe la respiration. « L'innovation est plus que jamais au cœur de la stratégie de Nutribel. Alors soyez créatifs, c'est ce que nous avons voulu signifier en organisant cette soirée dans ce temple de la modernité qu'est le Centre Pompidou ». Claire respire profondément, elle a de nouveau perdu le fil.

Elle n'est pas la seule. Autour d'elle, regards discrets sur la montre, coups d'œil intéressés vers le buffet. « Redonner du sens, à long terme, à toutes les équipes, donc à tous nos actionnaires. Avoir envie de gagner, avec confiance en son avenir. Nous allons nous fixer des objectifs que nous pensons inatteignables car c'est là le seul moyen de se dépasser ! » Enfin, c'est terminé. Tout le monde applaudit. Tout le monde s'applaudit. Parce que c'est tout de même une belle récompense d'être là. On tape dans ses mains, heureux d'en être et de participer à cette grande aventure collective. *Travailler chez Nutribel, c'est plus qu'un métier, c'est un style de vie.*

La foule se disperse, les yeux furètent en tous sens. Certains se dirigent vers les buffets pantagruéliques disposés aux quatre coins du forum. D'autres se ruent déjà vers les dirigeants, les entourant de regards et de mots prouvant leur allégeance. Une nuée de courtisans cerne le P-DG.

Claire entraîne Antonin à l'écart pour lui raconter en détail sa victoire. C'est aujourd'hui qu'elle a remplacé Corinne Verdier, sa chef, pour présenter lors de l'assemblée générale le projet Love your health, un site Internet rassemblant une communauté de consommateurs auxquels Nutribel, *le complice de votre santé* et *l'allié vitalité*, dispense conseils nutritionnels, astuces pour consommer mieux et vivre plus longtemps. « C'est énorme, ça te donne une super visibilité. — Oui, je suis plutôt contente. — Bravo ma chérie. » Claire réussit. Antonin aussi. Elle dans le marketing, lui dans le trading, deux secteurs très concurrentiels. Grande entreprise et salle de marché, la valeur sûre d'un côté, le risque de l'autre. Ils forment un couple assorti et complémentaire. Leurs illusions juvéniles leur promettent un brillant avenir.

Claire a toujours voulu être une femme active. À l'opposé de celles qu'elle surnomme les « femmes trophées », les épouses qui ont sacrifié leurs propres désirs pour construire un environnement favorable à la carrière de leur homme.

Ce soir-là, au Centre Pompidou, il suffit d'un seul coup d'œil pour les reconnaître. Lisses, gaies, douées pour la conversation, elles couvent des yeux leur conjoint, tout en jetant alentour des regards jaugeant le potentiel des autres cavaliers. Certaines d'entre elles ont déjà colonisé le buffet. Leurs hommes les ont plantées là pendant qu'ils distribuent sourires, poignées de main, compliments aux collaborateurs, flatteries aux puissants. Toutes ont au fond des yeux cette peur, combattue à grand renfort de crèmes high-tech, de régimes sophistiqués et de cours de Pilates, que leur époux les abandonne pour plus jeune, plus sexy, plus beau. La même peur qu'elle a vue dans les yeux de Mme Courson, la mère d'Anna, son amie d'enfance, et qui s'est gravée dans sa mémoire. Peu après le douzième anniversaire d'Anna, M. Courson est parti avec sa secrétaire. Un cliché de mauvais film. La banalité de la situation n'en atténuait pas la cruauté. Mme Courson en larmes dans le salon des parents. Les deux fillettes invitées à « aller jouer » dans le jardin. Mme Courson, en quelques jours, avait perdu tout son éclat, toute sa prestance. Quittée à quarante ans. Et une nuit où les parents de Claire avaient hébergé la femme abandonnée, Claire s'était levée, réveillée par un bruit et avait trouvé l'esseulée devant la table de la cuisine, un verre à la main, des coulées de mascara sur les joues : « Ne dépends jamais d'un homme. Il faut bien travailler à l'école pour avoir un beau métier. Le travail, c'est la clé de l'indépendance. »

Claire cherche du regard Corinne Verdier, sa chef, pour la remercier de lui avoir confié la présentation de cet après-midi et prendre des nouvelles des jumeaux. Corinne a dû rentrer en urgence et déléguer à sa plus proche collaboratrice parce qu'un de ses fils a eu un accès de fièvre. Ce n'était probablement pas grave puisqu'elle est revenue à la fin, juste à temps pour entendre Frédéric Feld féliciter sa recrue. Claire admire la volonté qu'affiche Corinne de pouvoir tout concilier. Comme elle, elle veut un métier passionnant et une vie de famille. Une grossesse coûte deux ans d'évolution de carrière aux femmes, titrait le magazine des anciens de l'École. Même si Nutribel affiche une politique favorable aux femmes en autorisant une grande latitude dans l'organisation du travail et en offrant de multiples services, crèche, conciergerie, garde d'enfant d'urgence, mener de front sa vie de famille et sa carrière semble plus compliqué que ce qu'elle imaginait.

Mais Corinne est inaccessible ce soir. Claire l'a aperçue discutant avec plusieurs directeurs, puis menant une conversation animée avec le DRH, mais chaque fois que Claire a voulu aller à sa rencontre, Corinne s'est laissé happer par quelqu'un d'autre, a filé serrer une main ou saluer un collègue. Claire n'a plus envie d'aller à sa recherche, mais plutôt de monter dans les étages pour admirer les collections du musée. Le Centre Pompidou privatisé, elle a bien envie d'en profiter. *Les musées parisiens accueillent vos événements au cœur des collections et expositions, l'occasion de découvrir des espaces d'exception, magiques et insolites, et de profiter de visites privées en journée comme en soirée.*

Elle entraîne Antonin vers l'escalator pour voir les Chagall. « Tu es sûre que tu ne veux pas rester un peu en bas ? Tu sais, le but de ce genre de soirée, ce n'est pas de contempler des tableaux. » Claire sait. Mais elle en a fait assez pour aujourd'hui. N'a-t-elle pas mérité de se plonger quelques secondes dans les couleurs de Chagall ? « Fais comme tu veux, je monte quelques instants. — Attends, je prends une photo. Souris un peu plus. » Antonin poste le cliché sur sa page Facebook : « Soirée CAC 40 à Beaubourg. » Claire peut s'éloigner. Du haut de l'escalator, elle voit Antonin serrer la main d'un type de la direction financière. Cette aisance du jeune homme, même dans un milieu professionnel qui n'est pas le sien, la fascine. Un si petit monde.

Claire s'assoit, ses chaussures lui font moins mal ainsi, elle plonge dans le bleu du tableau. Elle est seule dans la salle. Antonin a raison, ils sont tous en train de réseauter en bas. La contemplation l'apaise et la lave de tout le stress de la journée et des dernières semaines.

Claire regrette que sa sœur ne soit pas là. Juliette est l'artiste de la famille. Elle est scénariste-écrivain-actrice. Enfin, elle aspire à l'être. Dans la réalité, elle est veilleuse de nuit, rédactrice de contenus pour des magazines immobiliers, figurante dans des courts-métrages politiques diffusés sur Arte après vingt-deux heures. Qu'est-ce qui a pu la pousser à choisir un métier aussi aléatoire, instable et précaire plutôt que d'opter pour une activité normale où l'on récolte les fruits de son investissement ? D'où lui vient cette haine du bureau et du travail à horaires fixes ? Peut-être que si elle aussi avait vu Mme Courson pleurer sur la toile cirée, elle serait plus soucieuse de son indépendance financière !

Claire erre entre les tableaux, s'assoit pour regarder un Kandinsky. Carambolage de couleurs et de formes. C'est tellement rare de se retrouver seule, déconnectée, débranchée, que cette déambulation dans Beaubourg lui semble irréelle.

« Quel beau coup tout de même ! Quelle chance que ta boss t'ait poussée sur le devant de la scène », répète Antonin tandis qu'ils s'engouffrent dans le taxi affrété par Nutribel, une Mercedes noire. « C'est mon jour de chance. » Claire se débarrasse enfin de ses chaussures tortionnaires. Même le taxi est avec eux : de l'autoradio jaillit la douce mélodie de « Perfect Day » de Lou Reed. « C'est peut-être le plus exceptionnel de la journée, un taxi qui n'écoute pas RTL ! » Ils rient. Jamais Paris n'a été si amical.

De retour dans leur appartement, un lumineux trois-pièces au dernier étage d'un immeuble haussmannien proche de l'Opéra, Claire vérifie ses mails sur son smartphone. Elle ouvre immédiatement le message de Corinne. « Claire, bravo pour aujourd'hui, j'ai décidé de te confier le projet Energetis. Un vrai défi, je suis sûre que tu le relèveras. »

Claire est allongée et elle ne parvient pas à trouver le sommeil. L'agitation de la journée ne décélère pas. Quelque chose de décisif s'est joué aujourd'hui. Un nouveau projet, c'est bien ce qu'elle espère en retour de sa prestation. Sans accorder trop d'attention au ton rapide et sec du message de Corinne, elle repasse avec délectation les événements dans sa tête. D'abord le coup de fil de sa chef ce matin, puis la présentation à l'assemblée générale, et enfin Energetis.

Devant elle, les deux cents plus hauts managers de Nutribel. Ils ont tous un air de famille. Les gens finissent par se ressembler à force de vouloir les mêmes choses, de vivre dans le même environnement, de se conformer au même modèle. Silhouette élancée, pour les hommes souliers effilés parfaitement cirés, costume noir, marine, anthracite, chemises bleues, blanches, cravate en soie brochée. Pour les femmes, impeccablement maquillées et manucurées, juchées sur des talons démesurés, jupe crayon, pantalon 7/8e, veste de blazer laissant apparaître une blouse de mousseline ou un chemisier en soie.

Claire respire profondément, comme une actrice qui va entrer en scène, dévorée par le trac mais heureuse. Une fois sur l'estrade, ses craintes s'évanouissent. Elle jongle avec les mots, tricote des phrases composant les mailles d'un filet capturant l'auditoire. Quand l'attention diminue, pareille à un prestidigitateur qui fait s'envoler une colombe de son haut-de-forme, elle sort un nouveau tour du chapeau : un schéma en trois dimensions qui s'anime sur l'écran relié à l'ordinateur, une petite plaisanterie, un jeu de mots. Elle est une virtuose de PowerPoint et elle adore le montrer. Le n° 2 de Nutribel, assis à sa gauche, est tout sourire, il est conquis, il la félicite pour cette présentation « brillante et dynamique ». Il appuie sur les mots. « Bril-lan-te. »

Il sur-articule chaque syllabe quand Claire aperçoit Corinne s'avancer vers les premiers rangs, les joues rougies, le front luisant, elle a dû courir pour arriver avant la fin de la présentation. Elle a appliqué à la hâte, dans le rétroviseur ou face au miroir de l'ascenseur, le rouge *Audace* de Chanel, son astuce pour avoir bonne mine en toutes circonstances – elle l'a confiée à Claire après une nocturne pour boucler un projet. Mais le vermillon déborde légèrement de sa lèvre supérieure, très mince, soulignant les sillons autour de sa bouche. Elle doit être rassurée que tout se soit bien passé. Claire lui adresse un large sourire voulant signifier « tu vois, tu as bien fait de miser sur moi, j'ai rempli ma mission ». Corinne soutient son regard. Elle a l'air épuisée. Claire détourne les yeux, répond aux remerciements du n° 2 de Nutribel et quitte l'estrade.

Et tout à coup, ce soir dans son lit, alors qu'Antonin dort à côté d'elle, Claire revoit ce regard résigné devant lequel elle a baissé les yeux pour ne pas l'affronter. Elle se lève sans un bruit, se dirige vers la salle de bains, ouvre la pharmacie et saisit le flacon vert. Un quart de comprimé ? Un demi ? Oui, un demi, elle doit être en pleine forme demain.

Comme chaque matin, Claire renaît avec la ville. Elle aime Paris quand la mécanique urbaine se met en place. La rue s'anime, réveillée par le brouhaha des voitures, le ronronnement des camions de livraison, la plainte stridente des scooters. Les actifs s'élancent vers leur destination d'un pas décidé sous le regard attentif des touristes savourant leur orange pressée aux terrasses. Claire sent chaque fibre de ses muscles se tendre, ses sens gagner en acuité, son cerveau sortir de sa torpeur nocturne. Galvanisée par la tension nerveuse qui émane du bitume autant que par la promesse du challenge que constitue Energetis, elle se laisse envahir par l'énergie citadine. Ce qui est insupportable à tant d'autres, le bruit, le métro, la foule, elle s'en délecte.

Ses talons claquent sur le boulevard, Claire presse le pas, davantage par habitude que parce qu'elle est en retard. Elle s'engouffre dans l'escalator et double la dizaine de nonchalants profitant de leurs derniers instants de calme avant la cohue du métro et la fébrilité du bureau. Elle se précipite dans la rame au moment où retentit le signal sonore. Les portes claquent derrière elle. Déjà une petite victoire !

Cette ville, c'est maintenant son univers. Elle la savoure d'autant plus qu'elle y a longtemps rêvé avant d'y habiter. Cette ville qui n'est pas la sienne, elle la sent de plus en plus proche. Elle lui donne sa pulsation, elle lui insuffle une énergie tellement plus vivifiante que le bercement de la bourgade où elle a vécu jusqu'à ses dix-huit ans.

Antonin ne partage pas son émerveillement. Pour lui, vivre à Paris est naturel. Il est né ici, dans le XVIe arrondissement. Tout est évident, les façades altières de la cité haussmannienne, les magasins ouverts tard le soir, la profusion de distractions. Lui rêve de Tokyo, Hong Kong ou New York, qu'il a découvertes lors de ses stages en entreprise. À chacun son eldorado.

Claire a grandi à Agen. Paris a toujours été un idéal. Depuis l'adolescence, quand d'autres rêvent d'être chanteuse ou vétérinaire, elle sait ce qu'elle veut devenir : parisienne. Une femme active, moderne et pressée. Comme sa tante Anny.

Dans la légende familiale, Anny est la Parisienne. Anny est montée à Paris pour devenir assistante de direction dans une grosse entreprise. Annie est devenue Anny. Anny a épousé un avocat. Elle rencontre du « beau monde ». Quand elle vient à Agen, Anny emploie des mots inconnus de la petite Claire, comme *« attaché-case »*, *« bow-window »* ou *« spencer »*. Anny a un chien nommé Sweetie. Pas un bâtard mi-chien-loup mi-lévrier adopté à la SPA comme celui des parents de Claire. Un chow-chow avec pedigree qui va tous les mois chez le toiletteur. Anny est la seule femme de leur entourage à se faire vernir les ongles chez l'esthéticienne, à prendre l'avion pour venir à Agen, à partir chaque année en thalasso au Grand Hôtel de Saint-Malo pour se reposer. « De quoi faut-il qu'elle se repose ? », ironise parfois sa sœur, la mère de Claire, « elle ne fait ni la cuisine ni le ménage ». Dans la famille, ceux qui sont restés parlent d'elle avec un mélange d'envie et d'ironie. Claire ne perçoit que la première. Anny appartient à un autre monde qui lui paraît admirable, un monde qu'elle a entrevu à douze ans et qu'elle n'a jamais oublié.

C'est le plus beau jour de la vie de Claire. Ses parents l'ont envoyée une semaine chez Anny à Paris, avec sa sœur, Juliette. Récompense d'une année de bulletins scolaires parfaits pour l'une et encouragement destiné à remotiver la seconde.

Après trois heures de TGV, les deux sœurs débarquent gare Montparnasse. Au bout du quai, Anny les attend, droite, bronzée, souriante. Sur le parvis de la gare, l'air est vif, revigorant.

Dans le taxi, Claire n'est plus qu'un œil. Elle ne veut pas perdre une miette du spectacle qui se joue derrière la vitre. Elle découvre la ville avec l'avidité d'un prisonnier relâché qui se demande comment vivent les hommes libres. Elle se délecte des orgueilleuses façades des immeubles haussmanniens, de la cohue des voitures colorées, des publicités qui s'affichent en grand. Elle guette les visages, scrute les tenues des passants et prend conscience qu'il existe un autre monde très éloigné du sien.

La semaine passée aux Batignolles transforme l'éblouissement initial en obsession. Les deux sœurs s'enivrent de théâtres, de musées, et découvrent quantité de mots nouveaux, symboles de cette autre vie entrevue. Un « catalogue d'exposition » loin d'être un banal cousin du catalogue de La Redoute est un véritable livre d'art illustré de belles photos sur papier glacé. Un expresso est un café totalement différent du Ricoré que les parents de Claire boivent chaque matin. Il se savoure en terrasse. C'est aussi une découverte, de voir qu'on peut s'attabler à un café et commander un Perrier, sans occasion particulière, juste pour profiter d'un rayon de soleil.

À Paris tous les objets semblent plus réels, les chaises vertes du jardin du Luxembourg sont tellement plus « chaises » que les sièges en plastique du jardin parental. Et à côté du Gaumont Opéra, la petite salle agenaise n'appartient définitivement pas à la même espèce.

Surtout, l'ennui est banni de la capitale: dans les rues, tout le monde semble tout le temps occupé. Même quand ils ne font rien, les Parisiens s'activent: écrivant en sirotant leur café, lisant le journal en attendant le métro, se repoudrant le nez en conduisant. Tellement loin de la langueur agenaise où Claire et Juliette ont passé leur enfance à attendre qu'il se passe quelque chose, n'importe quel événement, mais enfin quelque chose qui romprait le cours du temps.

De retour dans le Sud-Ouest, la petite ville du Lot-et-Garonne avec ses pavillons en pierre blonde, ses jardinets délimités d'une barrière en bois, son centre fleuri semble bien étroite.

Claire et Juliette lisent les auteurs dont Anny leur a parlé. Dans un même élan, elles se passionnent pour Modiano, passent à côté de Houellebecq, s'amusent de Nothomb. Elles convainquent leurs parents de les laisser aller au cinéma voir des films « d'art et d'essai » – encore une nouvelle expression apprise lors du séjour parisien. Claire avait d'abord entendu « d'arrêt d'essai », sans comprendre le sens de cette mystérieuse formule qui, dans la bouche de sa tante, signifiait le sommet de l'art.

Claire et Juliette accrochent au mur de leurs chambres le plan de Paris distribué par les Galeries Lafayette. Tous les soirs avant de s'endormir, elles s'inventent un avenir entre le Panthéon et le Sacré-Cœur, choisissent un quartier où habiter, psalmodient des noms de rues. Boulevard de Bonne-Nouvelle, rue Sainte-Opportune, rue de la Goutte-d'Or, rue Villaret-de-Joyeuse, ces seuls mots convoquent tout un avenir plein de possibles. Les deux sœurs se promettent de vivre un jour à Paris. Serment que chacune tint à sa façon.

Accrochée à la barre, Claire se nourrit de la vitesse du train. Elle savoure particulièrement cet instant où, sous l'effet du café avalé à la hâte et des vibrations métalliques, la torpeur de la nuit achève de se retirer de son corps. Devant elle, un homme feuillette distraitement un journal gratuit. Une femme, isolée dans sa musique, se balance à son rythme. Tout autour, les doigts crépitent sur les claviers des smartphones. L'homme s'est adapté au produit. Le petit clavier rendant l'écriture inconfortable, les phrases se sont raccourcies, la pensée simplifiée, la ponctuation oubliée, le sens surligné grâce aux smileys. La brièveté est devenue un signe de pouvoir. Plus le temps de développer un raisonnement et de s'encombrer de formules de politesse, on est trop occupés pour ça. « OK », « yes », « super » répond-on, efficaces. « OK », c'est justement ce que Claire vient de répondre à Corinne, sa chef, qui souhaite la voir pour lui parler du nouveau dossier. Le calendrier d'Energetis a été accéléré. Claire est impatiente d'en savoir plus.

La tour de Nutribel se profile, comme un long kaléidoscope de verre et d'acier étiré entre terre et ciel. Son sommet se perd dans les nuages. La façade transparente a été pensée pour se rapprocher du client en l'incorporant dans la structure sans rien lui cacher. Lors de l'accueil dans l'entreprise, le DRH avait longuement expliqué les choix architecturaux. Comme toutes les sociétés, Nutribel célèbre ses origines : le verre rappelle les débuts du groupe, petit fabricant de verre qui s'est développé en passant du contenant au contenu pour résister à la montée en puissance du plastique, jusqu'à devenir aujourd'hui le n° 1 de l'agroalimentaire. Un exemple parfait d'adaptation réussie aux contraintes de l'environnement. « Gardez-le en mémoire : on peut toujours transformer un coup dur en tremplin pour rebondir ! Si le plastique ne l'avait pas mise en péril et poussée à trouver de nouveaux débouchés, Nutribel serait toujours une petite entreprise familiale spécialisée. » Avec le DRH, chaque moment de l'histoire du groupe était porteur d'une leçon à tirer. Le passé était entretenu, soigné, domestiqué. Et aussi expurgé des déviances peu compatibles avec la « Nutribel's attitude », comme l'ambiguïté de ses dirigeants pendant la guerre. Ce passé revu et corrigé nourrit la légende d'une entreprise responsable et dynamique. Comme dans une histoire d'amour, le mythe fondateur transforme l'anecdote en destin.

En passant le portique, Claire entre dans un nouveau monde avec ses codes, son idiome et sa géographie. La tour de Nutribel forme une cité complète, un modèle d'ergonomie et de confort. Tout y est à sa place.

Plongée dans cet univers, Claire se sent invulnérable. Protégée du lot commun des salariés, immunisée contre l'absence de choix et la lente gangrène de la routine, épargnée par le rouleau compresseur de la recherche d'emploi. Elle salue les deux hôtesses, cheveux tirés et tailleur blanc. Netteté et pureté. Elle se dirige d'un pas vif vers les ascenseurs. La cage de verre, spacieuse et rapide, donne sur une entrée lumineuse au sol de marbre sur lesquels sont posés des ficus et des palmiers censés dépolluer l'air intérieur. Elle pénètre dans une géométrie très étudiée, matériaux nobles et courbes nettes, alliance de créativité et de rigueur. Une lumière, douce en été et stimulante en hiver pour lutter contre la dépression saisonnière, inonde l'espace. Marianne, du pôle marketing, la salue. Elles discutent quelques minutes de la soirée de la veille. Puis Claire rejoint son bureau.

Corinne passe une tête par la porte entrouverte du bureau de Claire. « L'open door policy » est l'un des éléments clés de la Nutribel's attitude. Transparence et convivialité. « Passe me voir après le déjeuner, on parlera d'Energetis. » Claire aurait préféré en parler tout de suite, si le calendrier du projet est accéléré, il ne faut pas perdre de temps.

Corinne est un modèle pour Claire. Elle incarne la femme qui mène de front une carrière ascendante et une vie personnelle épanouie. Bref, celle qu'elle aimerait être dans dix ans.

Toutes deux partagent la même vision de l'entreprise. Diplômées de l'École, elles ont fait le pari de l'économie réelle, alors que leurs copains de promo ne rêvaient que de trading, de banques d'aff., de salle de marché, de fusac (fusion-acquisition) ou d'audit. Claire et Corinne ont en commun cette volonté d'être au cœur de la vie économique, celle qui crée la richesse et les emplois et satisfait les besoins, à moins qu'elle ne les invente.

Les marges financières – les banques – ou organisationnelles – le conseil – n'intéressent pas Claire. La crise est passée par là et les excès de quelques traders médiatiques ont terni l'aura des financeurs qui ont mené le monde à sa perte, et des consultants qui n'ont pas su l'éviter. Corinne a conforté Claire dans son rejet des apprentis sorciers de la finance et du pipotage badigeonné de concepts du consulting. Sa chef a achevé de la convaincre qu'elle a fait le bon choix, celui d'un travail qui a un sens dans une entreprise héritière d'une longue tradition industrielle et soucieuse d'éthique. Du concret, par opposition aux pourvoyeurs de cash et de jargon.

Depuis quelques mois, la relation hiérarchique s'est muée en complicité. Corinne se confie à Claire, elle lui raconte sa vie par bribes, sa grossesse tardive et difficile, la naissance des jumeaux, Léo et Théo, la quête de la nounou triple F « fidèle, fiable, flexible ». Elle l'a même invitée au baptême, dans un manoir normand appartenant à sa belle-famille.

Claire passe voir Corinne, sans s'arrêter au secrétariat. Son bureau est typique d'une femme qui vient d'être mère : menacé par le chaos. « Veux-tu du thé ? J'ai un nouveau sencha, c'est excellent pour la concentration. »

Pendant que Corinne fait chauffer l'eau minérale, Claire observe la multitude de notes, de brochures, de mémos entassés sur son bureau. Corinne tente d'endiguer les urgences au moyen de post-it multicolores collés sur la bordure de son écran. Mais à voir les cernes qui creusent son visage, elle est proche du burn-out.

Claire se rappelle l'article du magazine *Elle* sur les couples à double carrière. Corinne avait été interviewée et livrait le secret d'un duo dans lequel chaque membre a de hautes responsabilités : organisation et communication. En lisant l'entretien, mener de front vie professionnelle et vie privée n'avait pas paru impossible à Claire. Depuis l'absence de Corinne lors de l'assemblée générale, elle commence à en douter. « Voilà, étant donné ta prestation, j'ai souhaité te confier un nouveau projet : Energetis. Le comité de direction veut étudier les possibilités de développement des boissons énergétiques. Comme tu le sais, aujourd'hui la clientèle se concentre sur le segment des hommes jeunes. Nous voudrions étudier les possibilités d'élargissement à d'autres cibles. Les femmes à la double journée, les cadres sous pression, les ouvriers soumis à des cadences difficiles. Les ingénieurs ont mis au point une boisson à base de spiruline, une algue qui a les mêmes propriétés que la caféine ou la taurine, mais en plus sain. Il reste à voir si Nutribel peut entrer sur ce marché et trouver le positionnement le plus porteur. — Et le plus conforme à notre ADN, il ne faudrait pas nuire au positionnement santé de Nutribel. — Oui, tu as parfaitement compris la problématique. Comme toujours. Voici les premiers travaux sur Energetis, je te laisse les parcourir, je suis en plein rush. »

Claire n'a pas le temps de finir son thé. Corinne la raccompagne vers la porte. Elle a dû prendre du retard, elle doit être débordée. Pourtant Claire aurait bien aimé creuser avec Corinne la question du positionnement santé de Nutribel. Elle aurait besoin de davantage d'éléments sur les orientations stratégiques du groupe.

Dans son bureau, Claire ouvre les documents contenus sur la clé USB remise par Corinne. Les boissons énergisantes ont un potentiel de développement très fort en France où l'on en consomme dix fois moins que dans le reste de l'Europe.

Les semaines suivantes seront consacrées à l'étude de marché. Claire a toujours aimé ce travail d'enquête. À la manière d'un détective, elle recueille le plus d'informations sur l'environnement, les aspirations des consommateurs et la concurrence. Ensuite la stratégie coule de source.

Les délais sont courts, il faut rendre l'étude d'ici fin février. Avec la campagne Love your health à suivre, ça va être difficile. Mais Claire fait tout pour relever le défi. Elle se remémore tout ce qu'elle a déjà accompli.

Les bons points, les images, les félicitations, la mention « Très bien ». Toujours première, toujours la meilleure. Après le bac, il faut choisir, alors ce sera une classe préparatoire aux écoles de commerce, c'est bien connu, ça mène à tout. Claire appartient à cette génération bercée par la douce mélopée de la crise et de l'austérité chantée *ad libitum* au journal télévisé. Trop jeune pour croire encore aux idéaux qui ont façonné l'existence de ses aînés, ses aspirations sont raisonnables. Pour la jeunesse des classes moyennes élevées dans la hantise du chômage, le nouveau Graal c'est le travail. Elle aurait bien tenté une hypokhâgne comme le lui avait conseillé son professeur de français, mais le principe de réalité l'a emporté sur le principe de plaisir : elle sait que les études de lettres ne produisent que des enseignants ou des chômeurs. Or à dix-sept ans, Claire sait ce qu'elle veut : une vie affranchie des contraintes matérielles, un bel appartement à Paris, des loisirs insouciants. Sans compter que quand sa sœur a opté pour un deug d'études théâtrales – « elle va nous tuer », s'est lamentée leur mère. Alors comment imaginer qu'à son tour elle puisse « faire ce coup-là » à ses parents. Adieu donc Corneille, Racine et bienvenue à Adam Smith et Ricardo.

Pendant deux ans, Claire s'enferme dans sa petite chambre d'internat du lycée Montaigne à Bordeaux, avec pour seule distraction le *Précis d'économie*, *La Culture générale en dix leçons*, ses fiches et ses cours.

Elle passe chaque étape de son parcours en athlète professionnelle. Entraînement rigoureux, mental d'acier, condition physique exemplaire, elle ne laisse rien au hasard. Les obstacles n'existent que pour lui procurer le plaisir de foncer et de les dépasser. Claire pense que la réussite est une question de volonté.

L'ascèse est payante : Claire fait partie des admissibles aux trois « Pa », les écoles de commerce parisiennes les plus recherchées. Elle n'a négligé aucun détail, étudiant avec une attention perfectionniste les tenues vestimentaires des candidats.

Arrivée quelques jours à l'avance pour assister à des oraux avant de passer les siens, elle se rend immédiatement compte que quelque chose cloche. Sa façon de s'habiller ne colle pas. Analyse, diagnostic, réaction. Grâce à sa tante Anny qui l'héberge pendant les oraux, en une demi-journée de shopping, elle s'approprie les codes de cette élégance discrète propre aux étudiantes en école de commerce : coupes sobres, matières nobles, couleurs neutres, le tout dynamisé par un accessoire coloré. Et ça marche : elle se coule dans le moule. Admise ! Maintenant la vraie vie va commencer.

À l'École, Claire met un peu de temps à trouver ses marques. Elle continue de travailler avec enthousiasme et rigueur. Ses seuls divertissements sont les répétitions du Club Théâtre et ses virées dans Paris. Elle n'en revient pas que la ville soit si vaste. Tous les samedis, elle quitte le campus pour gagner la capitale. Elle s'y jette, l'explorant, l'arpentant comme on s'abandonne à un sortilège. À pied, en bus, en métro, elle tente de saisir quelque chose de ce mystère. Et le samedi soir, elle va au théâtre, avec sa sœur Juliette. Parfois, elle passe le week-end chez Anny et ne rentre sur le campus que le dimanche soir.

Les soirées alcoolisées qui s'achèvent sur « Les lacs du Connemara » – comme si entre la discipline de la prépa et l'impériosité du monde du travail, les étudiants avaient décidé de « se lâcher » – ne sont pas du goût de Claire. Elle préfère dévorer des livres dans sa chambre et regarder des films de Jacques Demy avec ses copines du Club Théâtre.

Claire obtient A à ses premiers examens. Un jour, dans un couloir, elle entend deux étudiants se moquer des « polards ».

En planchant sur un exposé « Décision de délocalisation et maîtrise des risques de capital humain », Claire rencontre Antonin, ancien élève d'un grand lycée, parisien depuis plusieurs générations, fils du directeur financier d'une grosse banque. Antonin apprécie la rigueur et le calme de Claire. Elle le rassure.

Les règles du jeu ont changé. L'enjeu ne se situe plus dans les matières scolaires. À l'École, tous les étudiants admis seront diplômés et les notes ne sont pas communiquées aux employeurs potentiels. Au contact d'Antonin, Claire comprend qu'elle s'est trompée de cible. Ce ne sont plus les examens qui départagent les futurs aspirants à l'emploi. Sur le campus, le bon élève sérieux doit opérer sa mue en professionnel sociable et compétent. Le savoir-être compte plus que le savoir, et il ne s'apprend pas sur les bancs des amphis mais dans les assoces, les fêtes du jeudi soir – les Pow – ou l'élection du Bureau des élèves. La compétition s'est déplacée de l'excellence scolaire à l'habileté sociale.

Claire délaisse ses nouvelles amies, Marine et Sandra, deux provinciales éprises de théâtre et de livres, et traîne à la cafèt, se déhanche sur « Money, Money » et repousse à plus tard la découverte de Paris et la lecture des grands auteurs. Suivant les conseils d'Antonin, elle s'inscrit dans les cours « les plus opérationnels » (« Financial economics », « Foundations of Entrepreneurship », « marketing »), laissant les options artistiques aux littéraires égarés. Elle ne rate aucune conférence sur le campus accueillant les leaders du monde économique et se plonge dans les autobiographies des grands patrons. Au contact d'Antonin, Claire apprend les codes.

Avec aisance, elle passe du Club des Arts à la junior entreprise. Là, avec Antonin, elle fait ses armes sur une étude de marché pour le Boston Consulting Group. Le soir du bouclage du projet, il débarque dans son studio avec une bouteille de Moët et Chandon. La conversation roule sur les profs, les cours, l'entreprise, le futur. Bien choisir son premier job, « c'est essentiel de bien démarrer », acheter tôt son propre appartement, « il faut capitaliser dès le départ », vivre dans une capitale, « comment peut-on vivre ailleurs ? ». Tout concorde, Claire et Antonin se rendent compte qu'ils regardent dans la même direction. Ce jour-là, ils se sont choisis pour mener à bien leur success story et creuser ensemble le sillon d'un avenir stable. Un couple socialement idéal soudé par les promesses d'une jeunesse brillante. Un couple envié qui s'est inventé une vie, et les personnages qui vont avec.

Dans la famille d'Antonin, les garçons font l'X ou HEC et les filles Sciences-Po. Ceux qui n'y parviennent pas par la voie royale – la classe prépa dans un grand lycée parisien – rejoignent l'itinéraire familial par des chemins de traverse où l'aisance sociale remplace l'habileté intellectuelle : les admissions sur titre des grandes écoles rattrapent par le col les égarés de la reproduction sociale.

Pour Antonin, la réussite va de soi. Il a établi très tôt une feuille de route précise pour devenir, par étapes, un leader économique. Opter pour un secteur stratégique mais pas le plus en vogue, pour limiter la concurrence des plus brillants diplômés qui, moutonniers, s'engouffrent tous dans les mêmes filières où ils s'entre-dévorent. Puis capitaliser de l'expérience pour créer sa propre entreprise.

On accède plus facilement à des responsabilités importantes dans des domaines un peu délaissés. C'est pour cela qu'il a choisi de trader du zinc, de l'aluminium et du plomb, un secteur qui brasse des milliards et qui aboutit à créer un vrai produit. Claire admire sa prise de risque.

Elle-même est davantage attirée par la force et la stabilité des grands groupes, les privilèges qu'ils offrent, la sensation de faire partie d'une équipe construisant ensemble une destinée commune. Loin de les séparer, cette différence renforce leur couple qu'ils gèrent comme une entreprise, en équilibrant les actifs risqués et les placements plus sûrs. La combinaison de la sécurité et du risque leur garantit une existence au confort assuré.

C'est au forum des métiers organisé sur le campus de l'École que Claire a rencontré le DRH de la division Céréales de Nutribel. Il lui a fait passer un entretien à la volée en une minute chrono. Il lui a demandé ce qui était le plus important dans une entreprise comme Nutribel. Elle a affirmé « le personnel ». La réponse attendue aurait été « le client ». Mais justement le DRH a apprécié l'originalité de la réplique pleinement en phase avec la politique RH bienveillante de Nutribel, aussi soucieuse du bien-être de la ménagère de moins de cinquante ans que de celui de ses équipes.

Nos collaborateurs, c'est notre force, indiquait le site Internet de l'entreprise que Claire avait écumé avant l'entretien. Elle avait également lu que chez Nutribel le salarié n'accomplissait pas simplement son travail, il se dépassait. Ses objectifs étaient des « défis », ses tâches des « performances ». *Nous misons beaucoup sur nos employés, des personnes énergiques et passionnées, aux parcours divers, avec une approche volontaire et constructive du travail et de la vie. Les Ressources humaines ont non seulement un rôle de développement des hommes mais aussi d'amélioration de la performance.* Cette vision avait séduit Claire. En haut de la page internet défilait une nuée de photos de salariés souriants accompagnées d'une phrase sortant de leur bouche comme dans une bulle de bande dessinée. Claire s'était demandé s'ils étaient de vrais salariés ou des acteurs. Anaëlle, la petite blonde à la mèche qui proclamait « Nutribel m'a fait grandir sur tous les plans, en tant que salariée et en tant qu'être humain » était chef d'une gamme de produits laitiers, Jean-Philippe, maintenance manager, avec sa « vision à 360 degrés » travaillait deux étages plus bas, et Karen, la Japonaise aux cheveux longs qui disait « grâce à Nutribel, j'ai fait le tour du monde » développait vraiment les produits frais en Russie. Ils avaient tous l'air tellement sympa qu'on aurait aimé les avoir pour amis.

Claire avait donc décroché un stage au sein d'une gamme de barres chocolatées. Si elle était critique envers ce qu'elle considérait comme de la junk food, elle s'était laissé convaincre par le discours conciliant plaisir et santé. Un produit gras et sucré était tout à fait acceptable dans le cadre d'une alimentation équilibrée. « On ne t'oblige pas à avaler ces produits et un stage chez le leader de l'agroalimentaire, ça ne se refuse pas », l'avait encouragée Antonin. Elle n'avait pas refusé. Et chez Nutribel, si les barres chocolatées étaient distribuées à volonté aux employés, comme les autres produits de la marque, aucun collaborateur ne les consommait.

L'entreprise faisait tout pour accueillir au mieux ses stagiaires. L'ambiance était résolument cool. C'était la fameuse Nutribel's attitude. Placardés sur les murs, des pictogrammes arborant un Monsieur Joyeux dont la bouche s'étirait en un grand sourire rappelaient à tous de travailler dans la bonne humeur, de se saluer dans l'ascenseur et d'être positif. Une équipe soudée « jouant collectif », un projet valorisant, Claire avait apprécié ce premier contact avec le groupe. Elle aussi avait été appréciée.

Avant même la fin de sa dernière année d'École, Nutribel lui avait proposé le poste de chef de produit développement Nutrisanté. Là encore, l'entreprise avait sorti le grand jeu pour intégrer ses nouveaux cadres. Le week-end de « team building » à La Baule, avec ses jeux de rôle favorisant la cohésion de l'équipe, était placé sous le signe du divertissement, entre fête foraine délicieusement régressive et coaching de groupe. Les jeunes recrues adoraient être dorlotées, amusées, gavées. Hôtel 5 étoiles avec piscine bleu lagon, spa et accès direct à la plage, panier de spécialités locales délivré dans la chambre et accompagné d'une lettre du patron vous appelant par votre prénom et vous souhaitant un agréable séjour. Les salariés étaient précieux et on le leur montrait.

Claire n'était pas dupe : sous l'apparente décontraction, le DRH observait le relationnel de chacun. Elle avait longuement discuté avec Antonin de l'attitude à adopter afin de se démarquer. « S'amuser n'est pas l'objectif central, le DRH va évaluer nos soft skills, le leadership naturel, la façon de communiquer, l'intelligence relationnelle. — Souris toujours, tu as l'air trop renfermée parfois, sois à l'écoute, observe. Quand tu avances une idée différente de celle de tes collègues, commence par valoriser la leur avant de montrer comment ton idée à toi va plus loin. »

Claire s'était prise au jeu et avait l'impression de faire partie de quelque chose. Si vous offrez le meilleur à l'entreprise, elle vous le rend bien et vous donne en échange reconnaissance symbolique et financière, prenant en charge la totalité de votre vie. Nutribel était généreuse envers ses salariés, offrant un accès permanent à une salle de sport dans ses locaux, proposant des prestations de ménage à tarif préférentiel et des places d'opéra à moitié prix. Tout cela en plus d'un salaire très confortable augmenté de bonus variables en fonction de la performance individuelle.

Mais Nutribel ne se contentait pas d'attirer les meilleurs salariés par des gratifications financières. L'entreprise avait compris que le lien le plus fort n'est pas pécuniaire, il est affectif. Nutribel offrait plus que de l'argent à ses salariés. Elle leur offrait une identité. En échange de leur force de travail, elle les boostait à la reconnaissance. Pourquoi hésiter ? Claire ne s'était même pas posé la question.

Chez Nutribel, il faut jouer le jeu, être positif, dynamique, force de propositions. Avancer, se laisser gagner par l'enthousiasme. En retour on décroche un statut, on acquiert une identité, on fait partie d'une belle et noble famille. Quel plaisir de voir s'éclairer le visage de son interlocuteur quand Claire prononce la phrase magique, « *Claire Vermont, de Nutribel* ». La particule « de » dénote l'appartenance à une nouvelle aristocratie, celle de l'entreprise, avec ses hiérarchies, ses préséances, ses codes, une aristocratie accessible aux enfants de la classe moyenne qui ont cru à la méritocratie scolaire et s'y sont accrochés de toutes leurs forces pour s'extirper de la langueur de leur province natale. Parvenue sans embardée jusqu'à Nutribel, Claire voit sa vie tracée devant elle : une longue route ascendante. Energetis constitue la nouvelle étape qu'elle s'apprête à franchir.

C'est avec une certaine angoisse que Claire contemple sa table, caressant des yeux les iris qui se dressent dans le vase au design géométrique, la courbe des fleurs faisant contrepoint à la pureté du dessin du vase. Chic et sobre. L'exacte image qu'elle veut donner d'elle-même.

Lissant la nappe en lin blanc, un cadeau des parents d'Antonin, Claire entend une phrase tourner en boucle dans sa tête. « La toile cirée, c'est tout de même plus pratique, un coup d'éponge et c'est propre ! » Sa mère a raison. Si elle en convient, Claire espère que celle-ci taira son goût pour les toiles cirées lors du déjeuner où, pour la première fois, ses parents rencontrent ceux d'Antonin.

Justement, la sonnette retentit. Les parents de Claire arrivent systématiquement en avance. « On n'est jamais trop prudents, on ne sait jamais ce qui pourrait arriver en chemin. » Claire les embrasse. « Vous avez fait un bon voyage ? — Oui, le train était à l'heure et on a trouvé le bus sans problème. C'est tout de même plus sympa que le métro. »

Son père tend à Claire un carton de pâtisseries retenu par un bolduc doré. *Surprise!* Elle reconnaît immédiatement l'emballage, « Martinez, 10, place des Graves, Agen ». « On a pris un peu de tout, il y en a pour tous les goûts. — Génial! » Antonin les rejoint et les embrasse. « Claire me parle tout le temps de la pâtisserie de son enfance! »

Claire guide ses parents dans l'appartement, partagée entre la fierté de montrer son premier chez-soi et le souci de ne pas accentuer la distance qui s'agrandit entre elle et ses parents. « C'est beau, ces moulures. Mais, vous ne comptez pas tapisser, tous ces murs blancs, c'est un peu triste comme couleur? » Claire repense au papier peint à grosses fleurs qui habille les murs de la maison d'Agen. « Peut-être plus tard, mais pour l'instant, on aime bien que ça reste épuré. »

Claire range les manteaux dans le dressing. « De mon temps, on disait une penderie. — Oui, maman, mais un dressing est plus grand. Et là c'est la cuisine. — Ah, vous avez une machine à espresso! »

Ils passent au salon. « Tout de même, c'est vraiment un bel appartement, vous en avez de la chance, un si bel appartement à votre âge. — Enfin, quand même, si vous changez d'avis pour la tapisserie, je peux vous aider si vous avez besoin d'un coup de main. »

Claire laisse Antonin décliner l'offre et part à la cuisine chercher les mignardises pour l'apéritif. À son retour, ses parents, assis sur le canapé, fixent d'un air aussi curieux qu'interloqué le catalogue de l'expo Helmut Newton au

Grand Palais. La photo de couverture, une femme nue appuyée contre une femme androgyne, cheveux tirés, en costume masculin Yves Saint-Laurent, dans la rue la nuit, semble les fasciner. « Dites donc, c'est drôlement olé olé, ça, qu'est-ce que c'est ? »

Tout en jetant un regard noir à Antonin sur le point d'éclater de rire, Claire explique qu'il s'agit d'une photo d'Helmut Newton exposée au Grand Palais. « Déjà un classique. »

Les parents d'Antonin arrivent. « Nous sommes un peu en retard, désolée ! » Caroline Desmarais embrasse Claire et Antonin. Elle tend aux parents de Claire une main délicatement hâlée où scintille un solitaire.

Caroline Desmarais a la beauté de ces femmes pour qui la lutte contre la ride, le gras et le cheveu blanc est un combat quotidien dans lequel elles investissent beaucoup de temps et d'argent. À l'orée de la manche du chemisier de soie bleu nuit, un bracelet Chaumet en or rose se balance sur son mince poignet. À côté d'elle, avec son balayage trop contrasté et son ensemble fuchsia flambant neuf, la mère de Claire, qui a pourtant le même âge, paraît avoir dix ans de plus. Elle tire sur sa robe pour en effacer les faux plis.

Pierre-Alain Desmarais dépose sur la table une bouteille, « un petit vin sympa » produit par leurs amis, les Verneuil, qui ont acheté il y a quelques années « un petit château » dans le Médoc. « Et on a apporté quelques pâtisseries aussi. » Caroline Desmarais tend à Claire une boîte siglée Marcolini. « Eh bien, nous n'allons pas être privés de dessert ! — Nous aurions dû apporter des fleurs. — Mais non, maman, surtout pas, le dessert c'est ce qu'il y a de meilleur, c'est extra d'en avoir deux, et cela me fait plaisir de faire goûter à Antonin les éclairs de mon enfance. — Oui, super, et maman adore les desserts, elle pourrait faire un repas qu'avec du sucré. »

Claire apprécie le mensonge d'Antonin. Vu l'attention que Caroline Desmarais accorde à sa ligne, il est peu probable qu'elle apprécie ce double dessert.

« Nous sommes tellement contents de vous rencontrer ! — Nous aussi, c'est une véritable aubaine d'avoir gagné ce week-end pour deux à Paris, d'habitude on ne gagne jamais rien. — Et pourtant ça fait plus de quarante ans que je joue au loto. — Mais comment l'avez-vous gagné ce week-end ? — Grâce à Carrefour, il y a eu une tombola pour la rénovation du magasin. Il faut dire qu'on est de bons clients. — Vraiment bon, ce petit vin papa. Il est très très expressif. — Merci, je trouve qu'il a une grande plénitude en bouche. — Oui, vraiment très bon, vraiment très bon. — Ce caviar d'aubergine il est divin, et le houmous est à tomber, Claire, bravo. C'est vous qui lui avez appris à faire la cuisine ? — Oui, oui, je m'occupe de la cuisine et Gérard du jardin. — Quelle chance d'avoir un potager ! Les fruits et légumes sont tellement plus sains. — Et moins chers, aussi. Figurez-vous qu'en sortant de la gare on a vu des tomates à sept euros le kilo ! Chez nous, le plan est à peine à deux euros. »

Heureusement qu'ils ne savent pas combien Claire a payé les aubergines au marché Raspail. Tout le voisinage entendrait parler pendant des années des légumes de bobo bio parisien à dix euros le kilo. « Reprends un peu de tzatziki, maman. »

« Claire nous a dit que vous étiez aussi dans le commerce.
— Enfin, oui, nous avons un magasin de chaussures, mais, c'est pas le même niveau que celle-ci, on n'a pas fait de grande école. Nous c'est du petit commerce, elle c'est du marketing, comme ils disent. »

Devant les antipasti, Antonin raconte son quotidien de trader avec pédagogie, assortissant chaque terme technique d'une explication, comme s'il s'adressait à un enfant. Les parents de Claire l'écoutent avec application, l'air concentré. « Et vous, Claire ? » Elle explique qu'un dossier à fort potentiel lui a été confié, le lancement d'une nouvelle boisson énergétique. « Très intéressant, c'est un créneau en pleine expansion. »

Le poulet sauté aux asperges de Claire suscite des commentaires enthousiastes. Une fois évoqués le nouvel appartement du jeune couple et leur travail passionnant, la conversation s'évanouit. Chacun scrute son assiette. Caroline Desmarais, qui a l'aisance d'une hôtesse expérimentée, interroge les parents de Claire sur leur région en s'extasiant. « La lumière du Sud-Ouest est extraaaordinaire. — Ah, vous trouvez ? — J'en garde des souvenirs magnifiques. Quand j'étais enfant, nous allions souvent à Arcachon, mon oncle avait là-bas une petite baraque, une arcachonnaise. Et vous êtes si près de l'océan, c'est tellement apaisant de le contempler. »

La mère de Claire semble ravie de l'enthousiasme que

les parents d'Antonin expriment envers sa région natale. Écouter Caroline Desmarais, parisienne depuis des générations, faire l'éloge de la splendeur du Sud-Ouest, pare à ses yeux la petite ville d'Agen de charmes extraordinaires.

À travers le regard de Caroline Desmarais, Monique Vermont redécouvre sa ville. Dans sa bouche de directrice de la com' d'un grand groupe de cosmétiques, la petite bourgade loin de tout devient un havre de paix zen, la langueur provinciale se transforme en ambiance farniente où l'on prend le temps de vivre. Et la boutique de chaussures des Vermont est, pour Pierre-Alain Desmarais, un acteur essentiel du tissu économique local. Cet intérêt affiché rend la mère de Claire prolixe. Elle se met à raconter dans le détail tous les agréments qu'offre la petite ville. « C'est vraiment très calme, jamais un bruit, on entend les mouches voler, enfin c'est une expression, depuis que les fermes aux alentours ont disparu il n'y a quasiment plus de mouches. Et puis nous sommes tout près de Bordeaux et de Toulouse. » Claire sourit car ses parents, casaniers, y vont à peine trois fois par an. Comme à Arcachon, depuis qu'elle et Juliette ont quitté la maison, ils ne sont plus retournés à la plage.

Heureuse de voir sa mère se détendre et rassurée par le déroulement du déjeuner, Claire va chercher les desserts à la cuisine. Elle ouvre avec délicatesse le carton de Marcolini. Le gâteau, une mousse cacao posée sur une nougatine au gruau nappée d'un chocolat noir brillant et lisse, est surmonté d'une sculpture en sucre coloré tourbillonnant en volutes compliquées. « Waouh. » La pâtisserie est un parfait exemple de cette tendance à transformer le gâteau en produit de luxe : éditions limitées, décors de rêve empruntant aux codes de la haute couture et emballages somptueux mimant des écrins. Plus le sucre est diabolisé sur le plan de la santé, plus sa consommation est esthétisée.

Quand elle ouvre le carton apporté par ses parents, Claire interrompt net son analyse. À côté de l'œuvre d'art parisienne, les pâtisseries agenaises, malmenées par le transport, sont informes. Retournant au salon, elle suggère de les garder pour le soir. « Le gâteau des Desmarais est bien suffisant pour le dessert. » Mais sa mère qui, encouragée par Caroline Desmarais, s'est mise à croire de plus belle en la saveur des choses simples tient absolument à ce que tout le monde goûte les gâteaux de l'Agenais Martinez, « la meilleure pâtisserie d'Agen. Vous allez voir, c'est tellement fin ». Claire retourne dans la cuisine et contemple le désastre : entre le Lot-et-Garonne et la capitale, les éclairs ont perdu de leur brillant, la crème des choux a coulé, laissant sur le carton blanc de grosses taches graisseuses. Quant aux mille-feuilles, la spécialité de Martinez qui, dans son enfance, concluait tous les repas de fête, ils s'émiettent en s'affaissant, laissant échapper une crème pâtissière flasque et terne dégoulinant sur le carton. Elle tente de reconstruire au mieux les desserts, garnissant à la cuillère les choux de la crème fugitive, égalisant les bordures des mille-feuilles en lissant la mousse au couteau et saupoudrant les éclairs de sucre glace. Quand elle revient au salon, Antonin et ses parents échangent des regards amusés.

« Ah oui, vous l'avez vu en concert ? — Oui, on a eu

beaucoup de chance, c'était complet trois mois avant, il a fallu réserver les places très tôt. Dès que la location a été ouverte, les billets sont partis dans la journée. — Non? Incroyable! — C'était grandiose. La musique, un délice et les costumes étaient une merveille. — Les costumes? Dans un concert classique? — Oui les choristes ont des costumes magnifiques, plein de broderies et de dentelles, un peu comme à Vienne, vous voyez? — Et après le concert, on... »

« Et voilà. » Claire pose le plateau de pâtisseries au centre de la table, à côté du gâteau, interrompant sa mère. « Gérard, je t'avais pourtant dit de tenir le carton bien droit. — Houlà, le voyage a été long. — Ce n'est pas grave, le visuel a juste un peu souffert, mais c'est certainement très très bon. J'adoooore les choux. — Oui, maman, ce n'est pas grave, ça peut être très bon. »

Claire garnit chaque assiette d'une petite part du gâteau des Desmarais et invite chacun à choisir une pâtisserie agenaise. Tandis que sa mère continue de décrire le bonheur que lui procurent les valses de Strauss jouées par André Rieu, Caroline et Pierre-Alain Desmarais donnent des coups de cuillère dans le caramel enduisant les choux, regrettant de ne pas avoir choisi les éclairs dont la consistance flasque présentait au moins l'avantage de se déguster plus facilement. Caroline Desmarais, soucieuse, compte déjà le nombre d'abdos-fessiers qu'elle devra enchaîner avec Debby, sa coach, pour effacer les effets des pâtisseries agenaises. Antonin a renoncé à finir la crème de son mille-feuille. Pierre-Alain Desmarais lutte toujours avec son chou. Le combat ne se conclut pas à son avantage: la pâtisserie est projetée sur la nappe. « Tu vois, la toile cirée, c'est beaucoup moins chic, mais tout de même, un coup d'éponge et c'est propre. »

Claire lance un regard noir à sa mère. La toile cirée et André Rieu ont fini par disloquer l'image d'elle-même qu'elle tentait de construire. Elle n'essaie même plus de faire dévier la conversation sur un sujet moins marqué socialement, c'est trop tard. Elle écoute avec résignation sa mère encouragée par Caroline Vermont. « Vous savez, c'est une véritable idole pour certains de ses fans. Et il y a plein d'objets à son effigie. Des mugs, des pots à crayons et même un bavoir décoré de son nœud papillon. Pour les bébés! Les gens sont fous! Nous on aime sa musique mais on n'est quand même pas prêts à tout, il faut rester raisonnables. »

Claire raccompagne ses parents en bas. « À part les pâtisseries, c'est une réussite. — Oui, les parents d'Antonin sont très sympa et très simples, on stressait un peu, mais finalement tout s'est bien passé. On pourrait les inviter à Agen, je crois qu'ils s'y plairaient. » Claire embrasse ses parents. Elle monte les marches deux à deux pour tenter de calmer son agacement. De la cage d'escalier, elle entend un rire s'échapper de l'ascenseur. « Tu crois qu'André Rieu passe à Pleyel cette saison? »

Claire referme la porte dans un fracas et s'affale sur le canapé, épuisée. Antonin est en train de siroter un Perrier. « Tu en veux? — Je crois que j'en ai besoin. »

Le silence s'installe.

« En tout cas, ma mère a découvert quelque chose aujourd'hui, ce doit être la première fois qu'elle rencontre des amateurs d'André Rieu. » Claire ne répond pas. Les yeux rivés sur la photo d'Helmut Newton, elle avale le Perrier d'une traite. « Et si on allait faire un saut à Deauville le week-end prochain, j'ai envie de voir la mer ? — Bonne idée, ça nous détendra ! » Mais avant cela Claire doit avancer dans son projet Energetis. « J'ai du travail, il faut que je bosse mon étude marketing. » La vie réduite à des fichiers Word et PowerPoint est tellement plus simple que celle qui vient de se dérouler en trois dimensions dans son salon.

Claire s'enferme dans le bureau, hypnotisée par l'écran de son ordinateur, tout son corps chevillé à cette volonté de faire du bon travail qui, comme une colonne vertébrale, la maintient droite. Est-ce parce que la journée a été éprouvante, elle commence à avoir un doute sur l'ingrédient principal d'Energetis, la spiruline. Peut-on masquer le goût marin du produit ? Elle programme un rendez-vous avec Vincent Marti du service Recherche et Innovation. Rien ne doit être laissé au hasard.

Ce n'est pas le premier arrivé sur un marché qui gagne, mais le premier qui parvient à créer un espace émotionnel et à s'en emparer. Claire est convaincue que les marques de boissons énergisantes déjà en place n'ont capté qu'une faible partie du marché potentiel. Les statistiques le montrent : en France ces boissons représentent à peine un pour cent des ventes sans alcool. C'est quinze fois moins qu'en Suède. Un boulevard s'ouvre devant Nutribel. Or, le devoir de performance concerne tout le monde.

Claire fait des calculs de coûts prévisionnels, en déduit un prix de vente et une marge. Elle imagine le profil des acheteurs d'Energetis, conçoit plusieurs propositions de goût, invente un packaging.

Enfin arrive l'heure du rendez-vous avec Vincent Marti, ingénieur recherche. L'innovation est un levier majeur de croissance pour Nutribel. *La science est un vecteur essentiel de conquête clients*, lit-on dans le plan de développement stratégique.

Depuis que Nutribel s'est positionnée sur le créneau

de la santé, la science est au cœur du discours de l'entreprise. Elle construit une image de fiabilité et de sérieux, indispensable pour capter la confiance du segment à fort pouvoir d'achat des CSP++ soucieuses de préserver leur forme et leur santé. *Parce que la santé est notre bien le plus précieux, Nutribel vous aide à veiller sur elle. C'est dans cette aventure que les chercheuses et les chercheurs de Nutribel se sont engagés.*

Vincent Marti montre à Claire deux gobelets remplis d'un liquide coloré. « Cette boisson contient une algue fantastique, la spiruline. Elle a les mêmes propriétés énergisantes que la taurine, mais sans les inconvénients. Elle agit comme la caféine mais à la puissance dix. Et en plus elle est bio. »

Vincent est entré chez Nutribel en même temps que Claire. Trente ans, une thèse de nutrition en poche, il passait ses journées dans un labo poussiéreux avec une vue imprenable sur les conduits d'aération. Corriger des copies, réparer le matériel défaillant et s'acquitter de tâches administratives ne lui laissaient que peu de temps pour ses recherches. Le scintillement des écrans et la lumière crue des néons conféraient à son visage un air maladif qui lui donnait l'impression d'avoir vieilli prématurément. Voilà où l'avait conduit la rigueur intellectuelle. Dans une fac d'une ville de province moyenne où il touchait un salaire bien inférieur à celui de ses amis moins diplômés que lui. Si l'université traitait ainsi ses plus brillants esprits, quel mal y avait-il à la tromper avec l'industrie agroalimentaire ? Il avait abandonné sans regret la culture des bactéries et ses étudiants sans réelle vocation pour le clinquant du laboratoire de Nutribel où l'attendait un matériel de pointe, des assistants hyper motivés et une carrière bien plus sonnante et trébuchante. Et surtout, la lointaine indifférence de l'Administration avait cédé place à la gratitude bien plus tangible de l'Entreprise.

« La spiruline renforce l'organisme et redonne de l'énergie. C'est génial. Un gramme te booste autant que dix tasses de café. Avec ça tu peux travailler toute la nuit ! » Claire veut en savoir plus. Elle bombarde Vincent de questions, car il ne suffit pas qu'une substance ait de bonnes propriétés en éprouvette, il faut pouvoir l'assimiler dans des produits et que le consommateur ait envie de la consommer. « Nous avons travaillé sur un processus de pasteurisation à froid qui préserve les qualités nutritionnelles de la matière première. — Et le goût ? Et la couleur ? »

Claire insiste, elle doit connaître à fond le produit. Un seul détail peut transformer un succès potentiel en échec commercial. Comme ce soda élaboré par un concurrent car son aspect incolore déroutait le consommateur ou ce yaourt dont Nutribel a dû cesser la production car il contenait de l'huile de bourrache, parfaite sur le plan nutritionnel pour lutter contre les rides mais dont l'amertume rebutait le consommateur. « Nous avons inséré la molécule dans une boisson, celle-ci est à la fraise et celle-là a un goût plus proche des boissons énergétiques déjà présentes sur le marché. Qu'en penses-tu ? »

Claire goûte les deux échantillons. « C'est vrai, on ne sent plus le goût de l'algue. » Le premier a un vrai goût de fraise, le second est plus chimique. Ils s'adressent à deux segments différents : les bobo-bio qui veulent concilier naturel et performance pour le premier et les jeunes élevés aux bonbons Haribo pour le second.

À son retour du laboratoire, Claire synthétise les informations recueillies sous forme d'un PowerPoint. Chez Nutribel, l'écrit doit être concis et schématique. Et la réponse du chef est encore plus lapidaire. « OK » ou « non » confirment ou enterrent une idée, un peu comme l'empereur romain lève ou baisse son pouce. Sans justification. Claire envoie le mémo à Corinne et s'attelle à finaliser le plan marketing.

Claire parcourt le dossier préparé par le département Développement qui a répertorié les extensions de gamme envisageables. Elle veut impressionner Corinne. Sa chef l'épaule beaucoup moins sur Energetis qu'elle ne l'avait fait pour Love your health. Antonin pense que c'est positif. « Corinne t'estime capable de voler de tes propres ailes. » Claire se dit qu'il doit avoir raison.

Première option : le bas de la pyramide soumis à des conditions de travail éprouvantes. Intensification du travail, journée qui s'allonge tard dans la nuit à laquelle il faut ajouter des trajets – deux heures dans les transports en moyenne en Île-de-France. Stress, troubles musculo-squelettiques, insomnies, dépression, le cortège de maux qui menace le travailleur moderne est effrayant. En parcourant les études de sociologie et de psychologie du travail résumées dans le dossier, Claire éprouve la désagréable impression de se replonger dans un monde qu'elle a voulu fuir, un monde qu'habitent encore la plupart de ses cousins qui n'ont pas réussi à monter, comme elle, dans le train de la méritocratie scolaire. Le monde du travail de nuit, des petits jobs d'intérim mis bout à bout, des horaires qui n'en finissent pas. La force de ce marché, c'est le nombre. Sa faiblesse, la petitesse du pouvoir d'achat.

Bien des entreprises se sont lancées dans cette brèche du marketing BoP (Bottom of the Pyramid) qui fut pendant longtemps considéré comme peu solvable et non rentable. En vendant des produits à des prix très faibles dans des volumes importants, les entreprises ont cru pouvoir trouver des approches commerciales profitables. Mais si les données sur l'état de santé des pauvres indiquent qu'ils auraient bien besoin de boisson énergisante, leur pouvoir d'achat est insuffisant. Et Nutribel a un positionnement « premium », davantage orienté vers le milieu et le haut de gamme. Créer un produit à destination des consommateurs modestes nuirait à l'image de la marque. Claire craint de reproduire la mésaventure d'une célèbre marque de polo : les jeunes de banlieues en ont fait leur uniforme, brouillant l'image de la marque sport-chic et éloignant la clientèle plus huppée. Tant pis pour les pauvres, ils continueront à boire du Nescafé et du soda au cola.

Deuxième option, les athlètes en col blanc. Trois cadres sur quatre déclarent avoir un travail nerveusement fatigant, un sur trois dit ne plus être efficace. Par peur d'être dépassé, remplacé et mis au placard, on accepte l'urgence, les journées à rallonge, les soirées à potasser ses dossiers. La recherche de la performance en style de vie. Par ambition ou simplement pour rester dans la course. Le désarroi est bon pour le commerce. Le salarié sous pression est prêt à croire n'importe quelle promesse de mieux-être.

Claire se sent à l'abri chez Nutribel. Il faut travailler dur, galoper, mais elle est protégée par sa jeunesse, ses diplômes, sa volonté. Et dans le groupe, il est mal vu de rester au bureau après vingt heures : *Chez Nutribel nous croyons que l'épanouissement de chacun génère le succès de l'entreprise. Nutribel encourage ses salariés à développer une vie personnelle riche et stimulante.*

Bien sûr, beaucoup de cadres poursuivent leur journée de travail chez eux au moyen de leur ordinateur portable et de leur smartphone octroyés par l'entreprise. Mais Nutribel fournit tant de gratifications symboliques à ses cadres dévoués que Claire ne songe même pas une seconde à s'identifier à la catégorie proche du burn-out décrite par la sociologie.

Chez Nutribel, le management a réussi ce tour de force : le salarié va de son plein gré au-delà de la relation contractuelle avec le groupe, le surmoi a remplacé le contremaître, la passion pour l'entreprise le pousse à s'investir avec une intensité infiniment supérieure à ce qu'il aurait fait sous la contrainte. Le salarié donne tout à l'entreprise car il s'identifie totalement à elle, se fond en elle. Il n'est pas contre l'entreprise, il est l'entreprise. Plus elle avance dans son étude, plus Claire pense que les cadres épuisés constituent le cœur de cible. Et parmi ceux-ci, une catégorie retient son attention : la jeune femme active, l'équilibriste qui veut tout, les enfants et la carrière, le mari et l'amant, les responsabilités sans renoncer aux soirées entre copines. La working girl cumulant une vie professionnelle intense et la gestion de l'entreprise familiale est une cible de choix pour Nutribel.

Reste la question de l'image. Se positionner sur le marché des boissons énergétiques ne va-t-il pas nuire à l'image Santé de Nutribel ? Ce qui fait la force du groupe, ce ne sont pas les bons produits, c'est que tout le monde veuille consommer du Nutribel parce que le groupe est associé au bien-être et à la santé. Une marque, c'est avant tout un imaginaire. « Les gens n'achètent pas des produits, ils achètent des histoires », Claire se répète la phrase fétiche de Corinne. Elle pèse le pour et le contre. Il est près de dix-neuf heures, Corinne doit être revenue de sa visite de la nouvelle usine Nutribel.

La porte est entrouverte, Claire frappe doucement. Corinne se redresse d'un bond comme si elle venait de se réveiller en sursaut. Son mascara a laissé deux taches noires sous ses yeux. « Je reviens. » Et elle se précipite aux toilettes pour se refaire un visage, le temps pour Claire de composer l'attitude adéquate. Au moins cela confirme que les femmes de pouvoir ont besoin d'une boisson énergétique. Claire choisit d'ignorer l'incident, sa boss n'aimant pas être surprise en position de faiblesse. « Je crains qu'Energetis ne brouille l'image santé de Nutribel, je doute vraiment que ce projet soit une bonne idée. » Comme si son assoupissement n'avait jamais eu lieu, Corinne répond, nette, professionnelle, précise. « La boisson énergétique satisfait aux mêmes objectifs que les autres produits de

Nutribel : se sentir mieux, donner un petit coup de pouce à l'organisme. Le monde d'aujourd'hui est super dur pour tout le monde. Avec cette boisson, nous permettons aux gens d'être plus performants. Et avec une bonne campagne de com', on peut tout vendre. Regarde la barre chocolatée Miam, ce n'est ni plus ni moins qu'un mélange de sucre et de gras. Et pourtant c'est la barre la plus vendue en France. Pourquoi ? Parce que la campagne de pub a mis l'accent sur le seul élément sain qu'elle contient : le lait. Et quoi de plus sain que le lait ? Le lait c'est plus qu'un aliment, c'est un symbole, c'est l'enfance, le liquide nourricier, le lien maternel. En un mot c'est la mère. Et qui oserait dire que la mère est mauvaise pour la santé ? » « Hervé Bazin », pense Claire silencieusement. « Sois un peu plus positive dans ton brief. On a l'impression que tu ne veux pas défendre le produit. Il faut lui laisser sa chance pour que chacun donne son avis en toute liberté lors du brainstorming dans deux semaines. Évidemment, il faudra aborder la question de la compatibilité avec la ligne de Nutribel, mais plutôt en fin de réunion. Commence plutôt par le positionnement du produit. » Ce discours étonne Claire. Corinne est partisane de la sentence « Celui qui a une bonne idée et ne sait pas la vendre n'est pas plus avancé que celui qui n'en a pas », et vendre Energetis n'est pas si simple. Mais elle lui fait confiance. Sa chef a accès à des informations qu'elle-même ignore sur l'orientation que les dirigeants souhaitent donner à Nutribel.

La réunion de brainstorming va commencer. Claire vérifie ses mails avant de rentrer dans la salle. Aucune réaction de Corinne au programme prévisionnel de la journée qu'elle lui a envoyé. Depuis deux semaines, elle l'a à peine vue. Elle a bien tenté de passer une tête dans son bureau le soir mais Corinne était soit absente, soit sur le départ, soit « en train de boucler quelque chose d'urgent ». Cette disparition la contrarie. Elle a bien plus appris avec Corinne que pendant toutes ses années d'étude, et la confiance de sa chef redouble sa motivation.

Parquet blond, mur en pierres apparentes, table basse, fauteuils Egg Arne Jacobsen en fibre de verre recouverts de raphia rouge, corbeille de fruits brillants, eau minérale Nutribel et thé à volonté. Claire présente son brief sur Energetis et évoque les différentes pistes à trancher au cours de la journée. Elle a revu son topo et l'a rendu plus neutre pour que chaque participant puisse exprimer sa propre opinion.

Autour de la table sont rassemblés des chefs de produit

de Nutribel, Gabriel et Marco, et Noémie de la com'. Il y a aussi des partenaires extérieurs à l'entreprise, convoqués pour leur expertise dans le secteur des boissons et des aliments santé : Fred et Yvan, deux tendanceurs, ces oracles modernes qui anticipent les comportements des consommateurs et, au besoin, les créent en diffusant leurs trouvailles via les journalistes influents. La journée de brainstorming est animée par Matthieu Grège du cabinet H2.0, *un cabinet d'études qualitatives et quantitatives proposant aux entreprises les services d'équipes expertes et stables qui prennent plaisir à s'attaquer aux problèmes les plus pointus. H2.0 répond aux attentes de ses clients par l'affirmation claire de deux valeurs phares et spécifiques : l'humanisme et l'implication vers l'avenir.*

Matthieu Grège explique les objectifs de la journée qu'il schématise sur le tableau interactif relié à sa tablette :

1. qui est la cible ?
2. quelle histoire va-t-on lui raconter ?
3. quel produit va répondre à son attente ?

La règle du jeu est simple : chacun doit parler le plus ouvertement possible et laisser libre cours à sa créativité. Claire reste en retrait des discussions, elle est là pour synthétiser et observer. Comme elle l'avait anticipé, l'hypothèse d'un développement orienté vers les classes moyennes est très vite rejetée : ce n'est pas la cible traditionnelle de Nutribel.

Certains se prononcent en faveur d'un positionnement très ciblé. Fred prend la parole. Barbe à la Dostoïevski, fringues de défilé de mode, tee-shirt hyper-moulant, il a cette assurance inébranlable qui le rend légèrement méprisant. Il penche pour cibler la jeune cadre stressée : « Elle veut y arriver, elle veut tout donner à sa boîte, mais sans négliger sa vie perso, elle veut continuer à sortir comme quand elle étudiait sur le campus. Elle est driving. Sauf qu'elle ne peut se permettre d'arriver le lendemain matin avec des valises sous les yeux et de piquer du nez après le déj. devant le client. Alors elle a besoin d'un petit coup de pouce. Le café est insuffisant et le Red Bull, c'est pas sa came, c'est trop mec, trop sportif. Il faudrait un intermédiaire, une boisson aussi chic que le café avec tous les effets du Red Bull. »

Yvan penche pour un positionnement plus large. « Pourquoi seulement la cadre hyperstressée ? Et le journaliste qui doit boucler un papier pour la veille ? Et le jeune interne qui enchaîne les gardes la nuit ? — Ceux-là, ils prennent des amphét', ils se les prescrivent eux-mêmes. » La discussion s'anime.

Combien sont-ils à prendre des amphétamines ou des gélules de caféine à des dosages dix fois supérieurs à la posologie autorisée pour produire plus ? Ou pour tout simplement tenir ? Isabelle, sa copine de la direction des finances, a confié à Claire qu'un de ses collègues, Vivian, revenait de chaque passage aux toilettes les yeux rougis et débordant d'énergie. Les managers s'en doutent mais ferment les yeux. Pas de vague. Tant que Vivian reste utile à l'entreprise, pourquoi s'alarmer ?

Les participants se scindent en deux groupes, chacun travaillant sur les deux hypothèses qui ont émergé de la discussion, la jeune cadre stressée et le professionnel en tension.

C'est l'heure de la pause-déjeuner. Les plateaux-repas Fauchon arrivent. *Les Chefs Fauchon, Jean-Pierre Clément et Sébastien Monceau, toujours à la recherche de l'excellence, vous invitent à savourer leurs menus de la collection Automne-Hiver.*

Pendant la pause, Fred expose une étude récente réalisée par son cabinet sur les pratiques de grignotage des consommatrices. « Cinquante consommatrices d'un panel ont envoyé des photos d'aliments snakés assorties de commentaires. La méthodologie fondée sur l'usage du téléphone portable permet de restituer la sincérité et l'immédiateté des comportements. Cette étude met en évidence plusieurs insights transversaux. Le chocolat reste une valeur sûre. Les boissons constituent un élément important des pratiques de grignotages. Et dernier point, les individus rationalisent leurs pratiques : ils mangent du chocolat pour le magnésium qu'il contient, dévorent des rondelles de saucisson car le cerveau a besoin de calories et prennent du café pour l'effet coup de fouet. » Claire se dit que Corinne a certainement raison, avec une bonne argumentation on peut emballer n'importe quel produit d'un discours santé, avec la complicité du consommateur.

Au moment du dessert – éclair au café recouvert d'un glaçage léopard ou cage de fruits d'Île-de-France confits à la vanille –, la conversation roule sur des sujets plus personnels. Noémie raconte son week-end de plongée en Corse. « Des couleurs magnifiques, un temps idéal, les habitants tellement sympa. » Bonheur obligatoire. Claire se demande si elle aurait osé révéler qu'il avait plu pendant tout le séjour, qu'elle s'était fait voler son portable ou qu'une bronchite l'avait clouée au lit. Même les vacances sont une compétition dont il faut sortir victorieux.

La jeune cadre stressée a été désignée comme la cible privilégiée du nouveau produit. Les discussions portent maintenant sur le packaging et le goût de la boisson qui sauront la séduire. Un graphiste de Nutribel présente trois prototypes. Des échantillons sont dégustés. Enfin on en vient à la compatibilité avec le positionnement santé de Nutribel. Gabriel se lance dans un topo sur l'âme d'une entreprise. « Brouiller l'image de marque est déstabilisant pour le consommateur, surtout dans un monde d'anxiété généralisée où même les produits en apparence les plus rassurants peuvent devenir des menaces, l'air que nous inhalons saturé de particules fines, l'eau que nous buvons polluée aux métaux lourds, les aliments que nous ingérons pleins de bisphénol ou de pesticides. Il faut être conscient qu'en se lançant sur le marché de la boisson énergétique, Nutribel prend un virage net. La seule vraie question est : est-ce que les dirigeants sont prêts à le faire ? » Claire est sensible à ce discours mais elle préfère suivre les recommandations de Corinne : jusque-là ses intuitions ont toujours été les bonnes.

Claire retourne chez Nutribel rédiger une synthèse de la réunion. Elle s'apprête à franchir la porte de son bureau quand une jeune femme inconnue sort de la pièce à côté et s'avance vers elle. « Bonjour, je suis Mathilde Beaumel.

— Claire Vermont, enchantée. — Vous n'étiez pas de la promo 2007 ? — Si ! — Je suis une 2009 ! — On se tutoie ? — Évidemment. »

Mathilde Beaumel porte le tailleur-pantalon bleu marine qu'adoptent les jeunes femmes quand elles font leurs premiers pas dans la vie professionnelle et croient que la compétence exclut la frivolité. Elles pensent qu'elles doivent ressembler le plus possible à un homme et n'ont pas compris qu'une féminité assumée peut être le petit coup de pouce qui fait décoller une carrière.

Claire et Mathilde échangent quelques banalités comme le font les jeunes diplômés qui ont fréquenté les mêmes lieux et partagent les mêmes aspirations. « C'est moi qui vais prendre ta suite sur Love your health, il paraît qu'on t'a confié un très gros projet. — Ah oui... — Ce serait sympa de déjeuner ensemble un de ces jours, Corinne souhaite que tu me briefes. — Oui, super, tu m'appelles quand tu as un moment ! »

Claire s'éloigne, sidérée. Corinne ne lui a jamais dit que prendre en charge Energetis supposait d'arrêter Love your health. Elle pensait mener de front les deux projets. Est-ce que l'arrivée de Mathilde signifie qu'Energetis va prendre davantage d'envergure ? Corinne aurait tout de même pu lui en parler. Claire décide de tirer cela au clair. « Mme Verdier est en réunion. » Claire lui en parlera demain, c'est le jour où elle croise Corinne dans la salle de sport, tôt le matin, avant de commencer sa journée.

Le lendemain, Claire, positionnée sur le tapis de course, fixe l'entrée de la salle de fitness. Au bout de dix kilomètres, elle est en nage et Corinne n'est toujours pas arrivée. Claire décide de passer au rameur, elle rajoute dix kilos par rapport à la semaine précédente. Trente minutes plus tard, Claire regagne le vestiaire, épuisée.

En ouvrant sa messagerie, elle trouve un mail de Corinne adressé à toute la direction. Sa chef souhaite la bienvenue à Mathilde et définit ses fonctions. Claire analyse chaque terme. À part le projet Love your health, rien d'autre n'empiète sur son poste. Elle est un peu rassurée mais elle préférerait quand même en discuter.

Claire passe la journée en réunion avec les distributeurs de Nutribel pour faire le point sur le segment des boissons, avant le comité exécutif où elle présentera le projet Energetis. Ce n'est qu'en quittant l'immeuble qu'elle croise Corinne. « J'ai rencontré Mathilde dans le couloir. — Ah, super ! Je voulais te la présenter lundi, mais tu n'étais pas là. Mais bon, puisque vous vous êtes présentées toutes seules c'est très bien ! Elle a l'air super cette fille. C'est génial, on a obtenu du renfort ! Quand j'ai vu passer le CV de Mathilde je me suis dit "il me la faut". — Très bien, mais tu penses qu'il était vraiment nécessaire que j'abandonne Love your health, c'est moi qui l'ai mis en place ? — Maintenant Love your health roule tout seul, il vaut mieux que tu te consacres entièrement au nouveau projet. Donne-toi à fond sur Energetis ! — OK. Au fait, tu ne viens plus à la gym ? — Non, je fais du yoga maintenant, le jeudi matin. Totalement incroyable, ça me fait énormément de bien. Tu devrais essayer, Claire, tu as l'air stressée ! »

Corinne accélère le pas et s'engouffre dans le taxi qui l'attend devant l'immeuble. Claire se dirige vers le métro, puis bifurque pour le prendre à la station suivante. Elle a besoin de marcher un peu avant de rejoindre Belleville où vit sa sœur. L'heure de fitness matinale n'a pas suffi à effacer la tension qui s'est accumulée ces derniers jours. Corinne a peut-être raison, elle devrait essayer le yoga.

Évidemment, il n'y a pas d'ascenseur. Claire arrive chez sa sœur. Toute seule : Antonin a préféré rester à l'appartement regarder un DVD. Les rapports entre lui et Juliette sont au mieux distants et le plus souvent tendus.

Juliette organise une petite fête dans son nouvel appart, ou plus exactement son « plan appart ». Car Juliette n'a pas de logement, de travail, de vacances, mais un « plan appart », un « plan job », un « plan vacances ».

Claire ne comprend pas les choix de sa sœur. Juliette aimait les lettres et l'histoire. Elle a arrêté ses études après deux années de fac, jugeant les amphis « poussiéreux » et le monde universitaire « trop formaté ». Sous l'influence de son copain Samuel, apprenti metteur en scène, un écorché vif qui traitait Claire de « suppôt du grand capital », elle a décidé d'être actrice. Puis danseuse, puis scénariste, et enfin romancière. Elle fait financer à l'assurance-chômage ses ambitions artistiques, ne travaillant qu'une fois ses allocations épuisées. À sa place, Claire aurait été envahie par un sentiment d'insécurité et d'inaccomplissement mais pas

Juliette qui s'est mise à cultiver le mépris de l'argent, du capitalisme et du travail salarié.

C'est la première fois que Claire se rend chez Juliette : leurs itinéraires divergents et Samuel ont distendu leurs liens. Avec son rictus au coin des lèvres, il ressemblait à un gamin sur le point de jouer un tour à quelqu'un. Tout y passait. Que Claire ait le malheur d'employer un terme franglais lui valait un sermon altermondialiste, qu'elle évoque un film et il pestait contre le génocide culturel fomenté par les États-Unis dont Hollywood n'était que l'outil, qu'elle parle de son travail et il se lançait dans une diatribe contre la domestication de l'homme par l'entreprise. « L'aliénation », il n'avait que ce mot à la bouche, rappelant sans cesse l'étymologie du mot : « être autre ». « C'est ta vie que te prend ton entreprise. » Claire lui répliquait tant bien que mal. Elle voulait croire que le travail pouvait être une gratification. Depuis que Samuel a disparu du paysage, aspiré par la promesse d'une vie meilleure en Inde, Claire espère bien se rapprocher de Juliette.

Elle pousse la porte et prend une claque de couleurs, de musique et de senteurs. La pièce déborde de meubles et d'objets disparates, un divan de velours rouge, un autre recouvert de tissu indien, deux lampes à pétrole, une table en bois sur tréteaux, des cageots reconvertis en bibliothèque murale, une balançoire fixée au plafond. Claire regrette de ne pas avoir eu le temps de se changer : cette robe trop sage et ces escarpins beiges à bout pointu sont un peu déplacés dans cette ambiance décontractée.

Juliette resplendit. Claire n'en revient pas de la

transformation de sa sœur. Elle l'avait imaginée affectée par ses tentatives ratées, elle découvre avec envie une Juliette épanouie qui se débrouille pour financer tant bien que mal sa fougue scénaristique. « Tu as l'air en pleine forme. Tiens ! » Claire lui tend une tarte aux cerises et à la violette, achetée à la hâte chez « Valentin et Louise », la nouvelle boulangerie à la mode. *Le goût du fait maison, une aventure gourmande authentique et sympa.* « Ça a l'air excellent, c'est toi qui l'as faite ? » Claire hésite, elle aurait bien aimé cuisiner mais elle est sortie trop tard du bureau, fignolant l'argumentaire d'Energetis qui doit être présenté la semaine suivante au comité de direction. Après tout, la pâte joliment dorée, les irrégularités de la garniture, l'emballage en aluminium, tout imite le « fait maison » : « Oui, tu vois, elle est encore chaude. — C'est vrai que tu as toujours aimé cuisiner ! Bravo. »

Juliette présente à Claire Jules, scénariste, Pierre, joueur de ukulélé, Coco, auteur de romans érotiques, Anaïs, apprentie comédienne, sa colocataire à l'origine du « plan appart ». Tous sont dévorés par cette névrose moderne, l'envie d'être un artiste.

Menue, le visage encadré par d'épaisses boucles noires, Anaïs raconte son dernier rôle dans une entreprise de sécurité prestataire de la FNAC. « Je vole un livre, un CD ou un téléviseur. Parfois le vigile ou un vendeur s'en aperçoit, parfois non. Il faut jouer le jeu de l'interpellation et c'est seulement après que je suis autorisée à révéler qu'il s'agit d'une simulation. Ensuite on débriefe avec le chef du magasin, les vigiles et les vendeurs. Bon, c'est un job alimentaire mais tu apprends plus en interprétation qu'au cours Florent et c'est plutôt drôle. Sauf quand tu fais ça près de chez toi et que tes voisins te voient en train de piquer un téléphone! »

Comme tous les aspirants artistes du sous-prolétariat culturel, Anaïs alterne les jobs « alimentaires », fades et provisoires, et les phases de création où mille projets sont lancés pour à peine un qui aboutit. Comment peut-on mettre toute son énergie dans des scénarios jamais tournés, des manuscrits jamais publiés, des spectacles joués devant une salle vide, dans l'attente qu'un jour ça marchera? Claire ne le comprendra jamais. Elle a besoin de construire, étape après étape, une belle carrière ascendante. Vivre d'expédients est inconcevable. Pourtant Claire constate qu'une belle énergie irradie du petit groupe au sein duquel elle se sent, quoique avec réticence, plutôt bien.

Enfoncée dans un vieux fauteuil au cuir abîmé par les griffes d'un chat, Claire écoute Coco raconter ses mésaventures de rewriter des romans Harlequin. « Le plus drôle, ce sont les descriptions des personnages: sourires mutins ou ravageurs, regards profonds, pétillants ou brûlants, silhouette élancée pour lui et sculpturale pour elle. La proportion de beaux bruns au regard bleu acier et de rousses à la chevelure flamboyante est très supérieure à celle qu'on rencontre dans la vraie vie. — Et c'est bien payé? — Oui, pas mal, mais la maison d'édition envisage de confier la réécriture aux traducteurs. Et je cherche autre chose pour compléter. — Je me demande s'il n'y aurait pas des opportunités chez Nutribel. Le groupe édite des plaquettes à destination des distributeurs et des clients. On a aussi plusieurs magazines sur l'alimentation distribués dans les grandes surfaces. Tu as un CV ? — Oui, j'en ai toujours un sur moi. » Elle sort une feuille de papier un peu froissée de son sac à bandoulière. Claire parcourt le document. « Houlà, il va falloir faire rentrer tout ça dans le moule ! — Tu es entre de bonnes mains, ma sœur est très forte en marketing, elle va faire de toi le portrait-robot de la salariée dont rêvent toutes les entreprises. — Ce n'est pas très compliqué, il suffit juste de traduire dans la langue des DRH. C'est du rewriting, comme ce que tu fais ! — Et toi, Claire, comment ça se passe à Nutribel ? — Ça va, je travaille sur un nouveau produit, une boisson énergétique. — Ma sœur a fait l'École, elle a un super job ! »

Cette révélation ne provoque que peu de réaction. Plus que l'École ou Nutribel, les amis de Juliette admirent ses talents de cuisinière. « Divine cette tarte à la cerise », « Jamais rien mangé d'aussi bon ».

Louis commence à fredonner, il est bientôt accompagné de Pierre à la guitare. « Ma petite entreprise connaît pas la crise. — Chante avec nous, Claire. — Non, je chante faux ! — C'est pas grave, on s'en fiche. » Claire se joint à eux, chantonnant doucement puis plus fort, s'appuyant sur les voix assurées des autres. Ils crient à pleins poumons. L'espace d'un instant Claire cesse de penser à la justesse des notes, à la rigueur du rythme et elle se fond dans le chœur en se trémoussant comme les autres.

Elle jette un œil à sa montre, il est déjà minuit. « Je dois y aller. » Elle évite de se coucher tard en semaine, et ce soir elle souhaite relire son projet de présentation. « On te raccompagne au métro ? Non, non, pas la peine. » En bas de l'immeuble, elle appelle un taxi avec son téléphone. En l'attendant, elle vérifie ses mails. Cela fait trois heures qu'elle ne l'a pas fait, un record, elle n'a pas vu le temps passer. Aucun message de Corinne. Claire est inquiète. Habituellement, grâce aux mails et aux SMS, leurs conversations ne s'interrompent pas le week-end.

Dans le salon attenant à la salle où se tient le comité de direction, Claire révise ses graphiques, répète une énième fois les arguments qu'elle va exposer.

« Mademoiselle Vermont ? » Elle entre dans la salle et serre la main des cinq personnes assises autour de la table en verre. « Point suivant de l'ordre du jour : Energetis. À vous, mademoiselle Vermont. » Devant Claire, sont réunis la directrice du segment eaux et boissons, Corinne, le directeur financier Serge de Fourny, le directeur commercial, Baptiste Delacourt et le directeur de la stratégie Antoine Malet qui préside la réunion.

Claire présente les points forts d'Energetis, une marge de 15 %, un bénéfice net attendu de 400 000 € la première année. Quant aux risques, Claire les minimise comme Corinne le lui a conseillé. « La commercialisation d'Energetis présente le risque de brouiller l'image Santé de Nutribel, risque qui peut être prévenu par une campagne de com' offensive. » Antoine Malet griffonne sur son bloc-notes. Serge de Fourny pianote sur son smartphone.

Corinne, la tête entre ses mains, les yeux rivés sur le dossier, semble absorbée dans ses pensées.

Au bout de quelques secondes qui semblent interminables à Claire, le directeur financier prend la parole. « Belle étude. Le bénéfice est énorme, la production du produit entraîne peu de coûts supplémentaires, on a déjà les gabarits et les machines pour le conditionnement. Et notre usine du Centre peut absorber le surplus de production. » Claire sourit, rassurée par ce soutien.

Se renversant dans son fauteuil, Baptiste Delacourt soupire. « Vos arguments sont très convaincants, mademoiselle Vermont. Mais les temps invitent à la prudence et au repli sur des valeurs sûres, sur le cœur de métier de la marque. Ce n'est pas le moment de se diversifier. »

Qu'un projet soit âprement débattu en Comex est chose courante, Claire est confiante. Elle note consciencieusement les objections afin d'y répondre par la suite.

Corinne prend la parole. « L'étude de Claire, dans sa partie théorique, est excellente : fouillée, argumentée, chiffrée. Les données présentées sont convaincantes et s'appuient sur une connaissance fine du marché. » Claire sourit. Corinne va balayer d'un revers de main la prudence de Baptiste Delacourt. « Cependant, il me semble que mademoiselle Vermont a quelque peu sous-estimé le risque pesant sur l'image de Nutribel. La santé est au cœur de notre nouveau positionnement et je crains un amalgame avec les sodas à base de taurine. »

Claire interroge Corinne du regard mais celle-ci garde les yeux dans le vague. « La spiruline a beau être bio, c'est un nouveau produit et avec sa couleur vert fluorescent elle semble tout droit sortie de Star Trek. Par ces temps d'anxiété généralisée, le consommateur s'oriente vers des préparations traditionnelles, qu'il connaît bien et qui ont nourri les familles pendant des générations. » Le risque sur l'image, Claire l'avait bien perçu et Corinne l'avait incitée à foncer.

Ce revirement en pleine réunion atterre tellement Claire que ses pensées s'embrouillent. Si Corinne avait changé d'avis au dernier moment, elle lui aurait envoyé un message. Il n'y a qu'une seule explication : elle a voulu la piéger. Mais Claire est tellement bouleversée qu'elle ne peut s'empêcher de compulser sur son téléphone le dossier « éléments indésirables » de sa messagerie pour vérifier qu'elle n'a pas négligé un mail de dernière minute.

« La presse commence à parler de plusieurs cas de morts subites liées à la consommation de boissons énergétiques. Trois cas en Espagne, une dizaine aux États-Unis. La France est très sensible à la sécurité des produits alimentaires. Bien sûr, Energetis n'est pas à base de taurine, mais il y a un risque d'amalgame. Pour moi, c'est trop risqué. » Claire bout intérieurement. Elle voudrait que Corinne lui explique. Évidemment ça ne se fait pas. On ne demande pas des comptes à sa boss en pleine réunion.

Tout le monde attend la réaction d'Antoine Malet. Ce polytechnicien parachuté à la tête de l'entreprise après une carrière à dominante financière ne voit rien de la tension entre les deux femmes. C'est une machine de guerre précise et efficace. Il a une intelligence vive mais limitée aux chiffres et aux faits. Ce mélange de maternalisme et de jalousie qui peut exister entre un mentor et sa protégée lui passe totalement au-dessus de la tête. Que Corinne ait poussé Claire à porter ce projet pour le descendre ensuite, il s'en fiche. La seule question qui l'intéresse est de savoir si les profits attendus par la mise sur le marché d'Energetis autorisent à courir le risque de faire perdre ses repères au consommateur et de brouiller l'image Santé de Nutribel.

Ce que Claire ignore, c'est qu'Antoine Malet a vu les dégâts qu'une crise de confiance peut entraîner sur le compte commercial d'une entreprise. Il était chez Ekvie, le principal concurrent de Nutribel, quand une campagne de presse a dénoncé les ravages causés par la vente du lait en poudre dans le tiers-monde entraînant la mort de plusieurs millions de nourrissons empoisonnés par l'eau des biberons. Le boycott d'Ekvie qui en a découlé a fait perdre des millions à son ancienne boîte. Une image, c'est ce qu'il a de plus précieux. Antoine Malet en a gardé une obsession de la réputation. Corinne ne peut l'ignorer.

« Nutribel a mis plus de dix ans pour devenir la marque préférée des Français, et cette réussite, elle la doit avant tout à son image. Tous les arguments sont de peu de poids si l'apparence est contre nous Un produit Nutribel, c'est un produit sain et sûr. Nous ne pouvons pas nous engager dans cette voie. C'est la crise, il faut en rester à nos valeurs fondamentales, celles qui font l'âme de notre entreprise. »

Antoine Malet a tranché. Energetis est ajourné. Nutribel se replie sur son cœur de métier. Dossier suivant. Claire sort de la salle, cherchant du regard Corinne qui reste impassible, les yeux toujours perdus dans la couverture rouge de son dossier.

Dans son bureau, Claire ressasse l'incident. Le projet Energetis tué dans l'œuf, c'est tout un pan de son activité qui s'effondre. Elle attend la fin de la réunion. Elle sait que Corinne sort la dernière pour extorquer quelques minutes de tête-à-tête à Antoine Malet. C'est là que tout se joue, que s'échangent les informations les plus importantes et que se passent les messages, en marge de la réunion officielle, sur le pas de la porte ou dans le couloir. Claire hésite à appeler Antonin. Il a un rendez-vous important en ce moment. Elle préfère attendre. Elle se raisonne et se dit qu'elle a peut-être tort de s'inquiéter : à peine un tiers des idées d'innovations deviennent de nouveaux produits. Et on va bientôt lui trouver un autre projet à développer.

Plus que l'échec d'Energetis, c'est l'attitude de Corinne qui inquiète Claire. Elle est passée du statut de protégée à celui de rivale à déstabiliser. Pendant l'heure et demie que dure l'attente, Claire se remémore toute une série de petits incidents qui, séparément, n'ont pas de signification précise, mais qui, mis bout à bout, convergent vers une seule interprétation : sa disgrâce. La froideur de Corinne après la présentation lors de l'assemblée générale, son indisponibilité ensuite, le recrutement de Mathilde. Jusqu'à ce détail minuscule, la semaine dernière, dans l'ascenseur : Claire avait mis de nouveaux escarpins italiens, Corinne les a regardés fixement, Claire crut que sa chef allait lui faire un compliment, comme avant. Elle poussa seulement un soupir. Dans ses yeux, Claire vit bien que la bienveillance avait laissé place à une forme de jalousie. Les qualités qu'elle avait encensées, son dynamisme et son énergie, elle ne les supportait plus. Il avait fallu cette réunion pour que Claire s'en rende réellement compte. Le plus rageant, c'est qu'elle a préféré croire Corinne plutôt que suivre sa propre intuition. Elle a défendu un produit qu'elle trouvait malsain. Elle a fait taire ses doutes sur la boisson énergétique, elle a minimisé les risques pour la santé des consommateurs. Tout cela parce qu'elle a suivi les conseils de Corinne. Et ça s'est retourné contre elle.

Corinne est sortie de réunion. « Il y a eu un changement de cap. Le contexte économique n'est pas favorable à l'innovation, on se recentre, la rassurance l'emporte sur la performance. » Claire le comprend parfaitement mais pourquoi Corinne ne l'a-t-elle pas aiguillée dans cette voie ? « Antoine Malet vient d'arriver à ce poste chez Nutribel, on ne pouvait prévoir quelle serait sa stratégie. Il va falloir s'adapter. Mais je te fais entièrement confiance. Je vais te donner un autre projet. On en parle cet après-midi, j'ai un déjeuner à l'extérieur. » Corinne raccompagne Claire à la porte en posant sa main sur l'épaule de la jeune femme.

Claire est furieuse. Elle se prépare un thé. En attendant que la tasse refroidisse, elle s'applique à respirer profondément. Elle a besoin de réfléchir au coup de poignard que Corinne lui a planté dans le dos. Les cours de management l'ont préparée à faire face à une multitude de situations, mais pas à celle-ci. La malveillance du manager est une hypothèse qui n'a pas sa place à l'École.

Claire ne sait comment préparer l'entretien de l'après-midi avec Corinne. Comment éviter un nouveau piège ? Un message d'Antonin vient d'arriver sur son téléphone. « Alors ce comité exécutif ? » Claire hésite. « Energetis est reporté, mais je vais avoir un nouveau dossier ! Et toi ? — Oh non, j'espère que tu n'es pas trop déçue ? — Non, tout va bien se passer. » Elle aimerait s'en convaincre.

Claire répète ses exercices de sophrologie lorsque Christiane, l'assistante de Corinne, lui annonce, très gênée, que le rendez-vous est reporté. « Corinne a dû avancer son déplacement à Zurich. Elle ne revient que dans deux jours. » Devinant la détresse de Claire, Christiane lui propose un café. Ce geste aurait pu paraître anodin mais désormais Claire interprète tous les signes. Il faut dire que Christiane a la réputation d'être un baromètre parfaitement fiable des rapports de force au sein de l'entreprise. Un Darjeeling « Les jardins du thé », la gamme bio de Nutribel, et des macarons Ladurée servis sur un plateau argenté signifient que vous êtes un personnage puissant, un chouchou du directeur ou une personnalité à fort potentiel. Arrogance teintée de mépris sans boisson ni gâteau, et vous avez du souci à vous faire.

Le café servi dans un gobelet en carton que Christiane tend à Claire laisse toutes les possibilités ouvertes. L'assistante a l'air aussi déstabilisée que la jeune femme. En avalant d'une traite le liquide trop chaud, elle sent les yeux écarquillés de Christiane la détailler comme si elle tentait de la percer à jour.

Christiane est perplexe face aux signaux contradictoires envoyés par sa chef. D'un côté, Claire jouit d'une réputation flatteuse : en bonne assistante rompue aux tocades de sa patronne, elle sait que Claire est la pouliche de Corinne. De l'autre, Christiane a bien perçu que les deux femmes ne bavardent plus comme avant. Tant que le rapport de forces n'est pas clairement tranché, Christiane choisit la sécurité : une politesse juste courtoise, lui laissant toute latitude d'adapter son comportement quand les choses se seront décantées.

Deux semaines plus tard, Claire n'a toujours pas de nouveau dossier. Elle passe ses journées à résumer des travaux économiques et sociologiques sur les pratiques de consommation. Corinne est injoignable. Isabelle, pour qui les annuaires des grandes écoles sont des livres de chevet, a appris à Claire que Corinne et la femme d'Antoine Malet sont issues de la même promo. Elle s'est renseignée : Corinne est la marraine de leur aîné. Elle ne pouvait qu'être au courant de la frilosité du nouveau directeur de la stratégie quant au lancement d'une boisson énergétique, elle connaît ses goûts, son parcours, ses réticences. C'est confirmé : Claire est tombée en disgrâce.

Quand elle est arrivée à la direction Marketing, elle a entendu des bruits courir sur sa chef. Elle s'entiche d'une nouvelle, la porte aux nues. Et un beau jour, rien ne va plus, l'ancienne protégée commet erreur sur erreur, l'alliée devient une rivale à éliminer. Dynamique, elle devient impulsive ; rapide, elle devient instable. Claire n'a pas accordé de crédit à ces racontars, les mettant sur le compte de la jalousie envers la rapide ascension de Corinne. Force est de reconnaître que la rumeur recelait une part de vérité.

Pendant ces deux semaines, elle se demande quelles erreurs elle a commises. Maintes fois elle rejoue dans sa tête la présentation à l'assemblée générale, elle revoit Corinne arriver juste à la fin, son regard épuisé. Épuisé ou irrité ? Tout est peut-être parti de là : son zèle a fait de l'ombre à Corinne.

Claire part chercher un café pour tenter de se réconforter. Elle croise Mathilde, un gobelet à la main, sortant de la salle de convivialité. « Bonjour ! — Bonjour ! — Je suis speed, j'y vais, excuse-moi. » La nouvelle recrue accélère le pas. Elle ne l'a jamais contactée pour déjeuner comme convenu lors de leur première rencontre.

Claire a cru lire de la compassion dans ses yeux. Elle aimerait lui en vouloir, mais elle ne peut même pas la détester. Mathilde est comme elle, le pur produit d'une génération qui veut grimper dans l'échelle sociale par son travail et ses diplômes. Mathilde est ce que Claire était il y a six mois, la jeune femme « high potential » que Nutribel va propulser plus haut. Ce sont les règles du jeu. Derrière chaque employé se trouve un successeur formé pour prendre la relève qui n'attend que le moment opportun pour s'épanouir.

De retour dans son bureau, Claire attend. Le silence est à peine fendu par les longs soupirs du photocopieur, à quelques mètres derrière la porte. Vingt fois par minute, elle appuie sur la flèche circulaire pour actualiser sa messagerie. Les mails se font aussi rares que les SMS. Parfois l'espoir renaît avant de se dissiper à la vue de l'expéditeur et de l'objet du message. Sabine Mercier de Core Formations l'invite à découvrir « la solution leader du Business discovery ». « Le marketing digital n'aura plus de secret pour vous ! » propose Aurélie Jarry, consultante experte en marketing RH chez Solution RH, « la seule offre intégrée capable de gérer de bout en bout vos processus clés de développement du Capital Humain ». David de « Voyance immédiate par mail » lui offre son horoscope. « Notre oracle et voyant gratuit vous donne la clé de votre avenir. » Mais a-t-elle encore un avenir ? Les yeux fixés sur ces armoires translucides remplies de brochures sur papier glacé et cette table de réunion inutilisée devenue si oppressante, elle en doute.

Claire a peu expérimenté l'ennui. Elle a toujours rempli son agenda pour en chasser les temps morts. Ce fantôme de travail, c'est bien pire que l'urgence, la pression, les gros horaires. Habituée au trop-plein, elle ne sait comment s'y prendre avec le vide. Personne n'attend rien d'elle. Livrée en pâture au ressassement infini et au tournoiement sans répit des questions sans réponses. Pourquoi la machine s'est-elle grippée ? Pourquoi elle ?

Elle n'ose en parler à personne. À qui se confier ? Antonin ? Il ne supporte aucune faiblesse, aucune défaillance. Sophie ? Claire et elle se connaissent depuis la prépa, ont partagé le stress des devoirs sur table, l'excitation des concours, les premiers stages en entreprise. Sophie a choisi L'Oréal pour les mêmes raisons que Claire est entrée chez

Nutribel, l'attrait d'un grand groupe au pouvoir d'identification fort.

Elle commence à composer un SMS puis l'efface. Demander l'aide d'une amie consisterait à reconnaître qu'il y a un problème. Elle préfère faire semblant. Et cette confidence ne risquerait-elle pas de déséquilibrer leur relation ? Leur amitié repose sur la conviction de s'être choisies, de faire partie d'un petit cercle élu. Que se produirait-il si Claire basculait du côté des perdants ? Appeler une autre copine de promo ? Mais à qui faire confiance ? En un éclair, la rumeur de sa disgrâce se propagerait dans tout le microcosme.

Claire se rend compte qu'elle a perdu tout contact avec d'autres cercles. Ses amitiés s'inscrivent dans un tout petit monde. Les camaraderies plus anciennes qui remontent au collège puis au lycée agenais se sont délitées. Seules subsistent ces amitiés tribales imposées par les circonstances, la fréquentation des mêmes lieux, la similarité des désirs et des visions du monde. Si bien qu'on finit par ne plus savoir si on se voit par plaisir, pour réseauter, par ennui, ou parce qu'un manque de curiosité empêche de regarder au-delà des frontières du cercle imposé par les hasards d'un concours. Alors Claire choisit de cohabiter avec le silence. Parler requiert un effort insurmontable, un dédoublement impossible. Parler est risqué, parler révélerait l'écart entre le discours obligé et les mots qu'elle voudrait prononcer. Avoir un problème au travail, c'est n'être rien, ne plus avoir de raison sociale : inavouable ! Ce sont les « cas soc' », les « brascass », les has been qui ont des difficultés. Pas elle !

Le dire serait se ranger elle-même dans la catégorie des « personnalités difficiles », des « gens à problèmes ». Et si ce temps mort n'était que provisoire? Claire multiplie les arguments allant dans ce sens. « Ça ne va pas durer, c'est simplement une conjonction d'événements. Après tout, ça ne fait que deux semaines qu'Energetis a été abandonné, il faut du temps pour trouver un nouveau dossier stimulant. » Puis elle démonte instantanément la fiction qu'elle vient de construire. Pourtant, quand on lui demande si ça va, Claire continue de répondre dans un grand sourire: « Mon job est formidable. » Des mots bien comme il faut.

La pluie balaie les rues et cingle au visage les passants. Le printemps tarde à venir. Claire scrute son reflet dans la vitre du taxi rendue opaque par la buée et rajuste une mèche rebelle. Rituel amical : le premier dimanche du mois, Claire et Antonin testent les meilleurs brunchs parisiens avec Sophie et Étienne. C'est Sophie qui organise.

Les deux pieds posés dans le concret, elle sait dénicher les bonnes adresses avant tout le monde. À l'École, déjà, elle était trésorière du bureau des élèves. Dès qu'un événement se profilait, le week-end d'intégration ou la semaine au ski, elle prenait les choses en main. Ce week-end, rendez-vous dans le onzième arrondissement, dans une petite rue perpendiculaire à la rue Oberkampf. « Les bagels sont à tomber » promet le site internet Mylittle Paris.

Antonin a rencontré Étienne au moment du concours. Sophie et Claire ont adoré travailler ensemble dans les mêmes « assoces » à l'École, décrocher des subventions, organiser des événements. Sophie avait plein d'idées et une capacité à entraîner un groupe autour d'elle mais elle manquait d'organisation. C'est là que Claire intervenait, canalisant son amie au moyen de rétroplannings et de to-do list. Et petit à petit, tout prenait forme. Quand elle a remporté l'élection du Bureau des élèves au terme d'une campagne-marathon, Sophie a dit à Claire : « Sans toi je n'y serais jamais arrivée. » C'est peut-être pour cela que Claire n'ose rien lui avouer de ses problèmes, elle ne veut pas lire de la pitié dans ses yeux. Cela fait plus d'un mois qu'elle n'a toujours pas de véritable dossier à traiter. Elle est cantonnée à faire des revues de presse et une veille scientifique.

Mêmes études, mêmes goûts, mêmes ambitions, les quatre amis se sont reconnus dans cette proximité. Deux couples d'étudiants en phase avec leur époque, noués par une admiration réciproque, avec juste ce qu'il faut de rivalité pour mettre un peu de piquant. À l'École, leur quatuor faisait des envieux, agglomérant autour de lui toute une bande de futurs banquiers, financiers, consultants, communiant dans ce choix de vie prospère et corporatiste, donnant accès à des appartements parquet-moulures-cheminée dans la capitale et une maison à colombages à deux heures de Paris.

Claire et Antonin regardent fixement les immeubles défiler par la vitre du taxi pour ne pas avoir à croiser le fer avant ces retrouvailles amicales : avant de partir, ils se sont disputés lorsque Claire lui a annoncé qu'elle passerait voir sa sœur dans l'après-midi pour l'aider à concevoir un décor de court-métrage. « Mais quand va-t-elle cesser de rêvasser ? — Si par rêvasser tu entends créer, jamais ! »

S'agissant de Juliette, la dispute vient vite d'autant que depuis l'échec d'Energetis, les nerfs de Claire sont à vif. Ces derniers jours tout est sujet à querelle : les trop nombreux déplacements d'Antonin, le déjeuner de Pâques chez ses parents, la destination des prochaines vacances. Dans le taxi, Antonin calme le jeu. Il a besoin de Claire pour jouer la partie avec Sophie et Étienne.

Le couple est déjà là, installé sur la banquette en skaï, semblable à celles qu'on aperçoit dans les films américains. Claire et Antonin leur font face. Nulle trace de la dispute de ce matin. Antonin entoure la taille de Claire, l'embrasse, exposant les signes extérieurs de leur bonheur avec ostentation. Avec leurs amis, la conversation reprend là où ils l'avaient laissée, facile, fluide, naturelle. Des répliques prévisibles, comme une consolidation de leurs affinités. Claire félicite Sophie pour son choix : comme toujours, la carte est alléchante et le lieu sympa.

Ils ouvrent la boîte aux souvenirs, le voyage à New York après leur stage de fin d'études, deux semaines qui ont scellé leur l'amitié. Ensemble, ils ont « fait » New York, Amsterdam, la Croatie, à l'âge qu'il faut, comme on fait ses premières dents ou une rougeole. Les écureuils de Central Park, le club de jazz avec un globe recouvert de petits miroirs renvoyant des éclats de lumière colorée sur leurs visages baignés de pénombre, la photo devant la statue de la Liberté, les Ray-Ban sur les yeux. Les images d'Épinal font aussi le charme du voyage.

Devant les bagels et les burgers, commence le long récit des histoires des copains de promo : Guillaume embauché dans une banque américaine, Thibaud qui peine à lancer sa boîte de chasseurs de tendance. Il faut s'habituer à être flexibles, mobiles. Ils n'auront pas les mêmes carrières que leurs parents. Mais ça ne leur fait pas peur, ils sont jeunes, ils aiment le risque et le challenge. L'adrénaline est leur came. La conversation roule sur Caroline, qui commence à se lasser de l'humanitaire. L'humanitaire, le bénévolat, le militantisme, c'était une ligne de CV obligatoire pour entrer dans une grande école de commerce, histoire de prouver sa grandeur d'âme et son sens des responsabilités.

Certains comme Caroline se sont pris au jeu, ils n'ont pas compris que ce n'était qu'un outil de sélection, qu'un ornement pour humaniser un CV trop lisse, un gage de conformité et d'allégeance au modèle du jeune cadre dynamique mais néanmoins généreux. « C'était bien beau, construire un orphelinat au Mali, mais avec les troubles, elle a été rapatriée. Elle en garde un souvenir amer, elle s'est fait exploiter dans son ONG, bien plus que dans une entreprise. Elle ne comptait pas ses heures pour un salaire ridicule ! — Il faut voir la réalité en face, l'humanitaire, c'est sympa comme première expérience, mais ensuite il faut passer aux choses sérieuses. »

« La réalité qu'il faut regarder en face », Antonin appuie sur le mot comme si c'était un bloc de granit, qu'on ne pouvait contourner. Ton grave, mais plaisir perceptible dans la voix quand il articule le mot réalité. La réalité s'impose, il faut s'y adapter, il n'y a pas à tortiller. C'est un leitmotiv qui revient souvent dans sa bouche. « Ah si on pouvait vivre d'amour et d'eau fraîche ça se saurait. Il y a quelque chose d'infantile à vouloir vivre comme ça, sans contrainte. Comme si la vie était un jeu. » Son discours sage et rationnel a séduit Claire, mais pourquoi en rajoute-t-il sur le mode « changeons nos désirs plutôt que l'ordre du monde » ? Claire regarde le plafond, elle cherche des yeux un objet qui n'existe pas, elle fixe son regard sur le juke-box d'où s'échappe la voix grave de Dylan, « Subterranean Homesick Blues ».

Étienne enchaîne sur le dernier Joe Carnahan. Antonin et lui sont friands de films d'action, ne ratant aucun blockbuster américain, jubilant de voir la mort brutale s'étaler sur grand écran, comptant même le nombre de macchabées par film afin de décerner un trash-trophée, raffinant le plaisir jusqu'à faire des statistiques sur les morts violentes dans le cinéma hollywoodien. Sophie et Claire ont l'habitude de se moquer de leur goût immodéré pour les « pop corn movies » à l'intrigue « sans temps mort », aux scènes d'action « à couper le souffle » sur fond de stridences de guitare sèche à la Morricone ou d'envolées orchestrales grandiloquentes.

« Je suis sûre qu'il existe des films spécialement conçus pour les traders, pour qu'ils puissent libérer leur stress symboliquement au cinéma, plutôt que dans leur bureau ou dans la rue. — Pour éviter qu'ils ne deviennent des "American psycho" ! — C'est pour cela qu'ils sont construits sur le même modèle, tu sais qui est le méchant, qui est la victime. — Oui, quand tu vois une reine de beauté en gros plan, si belle et si tragique, c'est la victime. — Et l'homme qui souffre secrètement d'un trauma enfantin va forcément s'attaquer à elle dans les prochains plans. — Le héros le rattrapera après dix minutes de course-poursuite à travers des rues encombrées. — Ou des champs déserts, très télégénique. — Ou les égouts d'une ville tentaculaire la nuit. » Rires.

Claire et Sophie sirotent leur cocktail de fruits frais. *Le smoothie detox, fabriqué avec les meilleurs fruits de l'agriculture biologique, offre une expérience gustative inoubliable.* Elles s'amusent à établir une typologie de ces scènes destinées à contenir sous le vernis de la civilisation la colère enfouie du cadre bien élevé. Pour un peu, Claire en oublierait ses soucis. L'espace d'un instant, elle pense en parler à Sophie et lui demander des conseils. Quelque chose l'arrête. La pendule digitale affiche un « quinze » en bâtons rouges lumineux. Le brunch va se poursuivre en séance de ciné. « Je ne peux pas, j'ai promis à ma sœur de l'aider pour le décor de son court-métrage. »

Une vague promesse que Claire aurait bien pu reporter mais les potins de promo lui paraissent aujourd'hui aussi étouffants que ce brownie trop chocolaté qu'elle ne parvient pas à terminer. Toujours les mêmes noms, les mêmes histoires, cet esprit de corps dans lequel elle s'est vautrée pendant ses années d'études et qui maintenant commence à lui peser. Au moins, avec Juliette, elle n'a pas besoin d'exhiber ses réussites.

Claire rejoint sa sœur au Loir dans la théière, trimbalant avec elle le sac rempli des quelques objets qui pourront lui être utiles pour son court-métrage. Elle ne sait pas exactement ce qu'elle veut en faire, mais ça lui fait plaisir de l'aider. Juliette rayonne, elle vient de signer une option pour un film. Elle explique à Claire que la société de production a acheté les droits d'un scénario pour cinq mille euros, le film ne sera probablement pas tourné, mais ce n'est pas grave, elle a plein d'autres projets en cours. Le court-métrage, une pièce de théâtre pour Norah Krief qui lui a donné son accord, un livre à destination des jeunes scénaristes. Avec cette rentrée d'argent inattendue, elle va pouvoir se consacrer à ses projets personnels. « Tu comprends, avec les piges pour Objectif Immo, j'ai l'impression qu'on me vole mon temps. De l'argent contre du temps, quel marché de dupes, le monde du travail. » Claire s'apprête à lui parler de ses inquiétudes à Nutribel, mais elle est interrompue par le serveur « Tarte au chocolat, tarte au citron meringuée, thés aux saveurs multiples ».

« Et toi ça va ? Tu as l'air fatiguée, trop de travail ? » Claire hésite. « Oui, comme toujours. » Elle n'ose pas faire tomber le masque. « Nous préparons un week-end à Copenhague. Antonin va faire une mission là-bas. Sa boîte envisage une fusac et je le rejoins un week-end. — Une quoi ? — Une fusion acquisition. » Claire répond à mi-voix. Elle n'aurait pas dû employer cette abréviation qui souligne qu'elle et sa sœur ne vivent plus dans le même monde. Un monde où la langue n'a plus d'importance, où toute l'activité est orientée vers le présent et l'opérationnel. C'est peut-être ça, l'usage de mots, qui les a le plus séparées. Juliette se moquait sans cesse des expressions importées de l'entreprise contaminant le langage de sa sœur. Comme ce jour où Claire lui a proposé de « débriefer » la séance de ciné devant un verre. Juliette était partie dans un fou-rire : « Non, non, on va pas débriefer, on va simplement papoter. »

« Une no man's langue », disait-elle. Claire fait attention aux mots qu'elle choisit mais elle finit toujours par commettre une erreur. « Performer », « impacter », « meeting » sortent de sa bouche inévitablement. C'est irrépressible. « Céder sur les mots, c'est céder sur les choses », Juliette prononce souvent cette phrase. Claire trouve la citation sentencieuse. Mais en y repensant, elle se dit qu'elle a raison, les mots ne sont pas anodins. Employer dans la vie de tous les jours le vocabulaire du marketing, c'est se réduire à n'être qu'un cadre de Nutribel dans tous les moments de sa vie. « Gérer » sa vie, « se mettre sur le marché » pour qualifier l'état de recherche amoureuse, l'entreprise modèle nos paroles et nos comportements.

« Tu as l'air soucieuse. À quoi tu penses ? — À un nouveau projet chez Nutribel. Et toi, raconte-moi. » Juliette recherche un colorant rouge imitant le sang mais qui disparaît en un lavage. « Tu comprends, l'héroïne a une robe blanche, et on ne va pas en utiliser une par représentation. On m'a dit qu'un colorant alimentaire rouge pouvait faire l'affaire, qu'en penses-tu ? » Claire n'en pense rien. C'est si loin de ses préoccupations quotidiennes cette histoire de colorant, de costume et de mise en scène. « Je pourrai poser la question aux ingénieurs de Nutribel. » Mais, après l'échec d'Energetis, elle n'a pas le courage de rappeler Vincent Marti.

Il est presque vingt-trois heures. Le thé s'est prolongé

en dîner. Claire rentre à l'appartement. Une forte odeur de cire et de térébenthine l'envahit dès qu'elle ouvre la porte. Antonin est en train de cirer ses chaussures. Toutes ses paires sont alignées devant lui. Il ne s'interrompt pas, concentré sur les Berluti dont il ôte les lacets pour mieux les nettoyer. Il les dépoussière grâce à une chamoisine, si appliqué que tous ses traits sont tendus. Il nourrit le cuir avec un chiffon jaune imbibé de crème. Une fois cette première étape terminée, il repose les chaussures quelques minutes pour laisser pénétrer le produit. Il lève enfin les yeux sur Claire. « C'était bien avec Juliette ? — Oui, c'était sympa, elle a plein de projets qui démarrent bien. — Il était temps que ça démarre, elle a trente ans passés ! » Claire ne relève pas la pique.

Antonin imprègne le palot de cirage, l'étale sur les souliers avec application, sans oublier les talonnettes et les tranches de la semelle. Cette manie lui vient de son père. « L'élégance d'un homme se mesure à ses chaussures. » Être parfait, jusque dans les moindres détails, Antonin a retenu la leçon. Il dépose quelques gouttes d'eau sur le cuir à glacer, étale un peu de cirage, ajuste le bon dosage en rajoutant successivement eau et cirage. Il reste silencieux, Claire sait qu'il lui en veut de leur avoir fait faux bond cet après-midi. Depuis qu'elle se sent en échec, Claire a besoin de s'évader du petit cercle des performants, des infaillibles, des trop sûrs d'eux. Antonin contemple avec satisfaction le cuir luisant.

Antonin rapproche les souliers de l'abat-jour pour mieux examiner le résultat de son travail. « Je ne te reconnais plus. » Claire le regarde sans réagir. « Tu as rencontré quelqu'un d'autre, c'est ça ? Au boulot ? » La surprise fige Claire. « Non, bien sûr que non, voyons. » Elle s'approche de lui et pose sa main sur son bras. « Au boulot justement c'est très stressant, en ce moment. — Pourquoi ? — Trop de choses à faire, avec le nouveau projet qui remplace Energetis. — C'est notre lot à tous. — Oui, ça doit être ça. » Claire a eu l'occasion de parler mais choisit de se taire.

Il est neuf heures. Claire arrive chez Nutribel. À peine une dizaine de fenêtres sont allumées, dans les étages élevés surtout. Les petits carreaux lumineux alternant avec les pièces éteintes constituent un inquiétant damier. À l'image d'un jeu d'échecs. Une dose de psychologie, et beaucoup de stratégie.

Claire insère son badge magnétique dans le lecteur. Le portillon s'ouvre. Elle jette un dernier coup d'œil à sa silhouette dans le miroir de l'ascenseur, tout est en place. Elle a opté pour la grisaille. Tout dans sa tenue sombre et discrète dit qu'elle ne veut pas faire de l'ombre à Corinne.

Claire attend devant le bureau de sa chef. Corinne est en retard. Enfin elle reconnaît son pas dans le couloir. « Excuse-moi, je suis très speed. J'ai à peine dormi cette nuit, les jumeaux font leurs dents. Et j'ai une journée-tunnel : des réunions jusqu'à ce soir sans une minute de répit. — Je n'en ai pas pour longtemps, je voulais juste te voir parce que je suis quelque peu au chômage technique en ce moment. » Claire pèse chaque mot. « Je pense pouvoir faire plus, ça ne peut plus durer. — Oui, je le sais. — Je n'ai pas eu le temps de m'en occuper jusque-là, mais justement je voulais te proposer quelque chose : la création d'un site collaboratif destiné à partager les bonnes pratiques, Nutrisales. Et tu auras une petite équipe pour t'assister, un webmaster, un graphiste et une assistante. On en reparle, c'est un défi considérable mais je n'ai aucune inquiétude, tu as l'énergie nécessaire pour le remporter. Haut la main ! »

Corinne repousse toujours les vraies discussions à plus tard. Claire le sait, c'est elle qui lui a appris comment faire taire les revendications de ses troupes : au lieu de les affronter frontalement, déliter les conflits. Corinne ne s'oppose jamais, elle repousse, écoute et donne raison. Comment réagir face à quelqu'un qui n'offre aucune résistance ? L'affrontement n'en est que plus violent, car il est nié, il n'a pas droit de cité.

Claire se renseigne sur Nutrisales. Elle a vaguement entendu parler de ce projet en sommeil. Jusque-là le site de partage de bonnes pratiques se heurte à l'individualisme des commerciaux : si l'esprit collectif et la collaboration font partie des valeurs officielles de Nutribel, en privé chacun garde précieusement ses initiatives et évite de les partager avec le voisin. Ce projet est un enterrement de première classe. Mais à partir du moment où Corinne qualifie ce poste de « défi considérable à relever », comment refuser ? C'est bien l'essence du marketing de recouvrir la réalité de mots qui masquent et enjolivent, mais comment s'y retrouver quand les mots ont perdu tout leur sens ?

Claire joue le jeu. Retourner la situation à son avantage et réussir à donner une vraie visibilité à ce projet de site maintes fois enterré, c'est un défi considérable. Mais, avec de l'énergie, elle sait qu'elle pourrait en faire quelque chose. Elle rêve à toutes ces réussites inattendues dont l'histoire est truffée, la Logan de Dacia, la voiture low cost roumaine qui a conquis le marché européen, la tong portée par les habitants des favelas aujourd'hui aux pieds de toutes les fashionistas, ou la Croatie devenue en une dizaine d'années une nouvelle Côte d'Azur.

Elle explore le net afin de se faire une idée sur l'architecture des sites les plus conviviaux, elle repère les « leaders d'opinion » qui lui serviront de relais pour convaincre les commerciaux de partager leurs bonnes pratiques sur le site Nutrisales, elle liste les façons de valoriser leur participation : concours, prime spéciale, interview dans la gazette de Nutribel.

Claire rencontre séparement tous les membres de son équipe pour faire connaissance et les interroger sur leurs motivations et leurs souhaits. Les entretiens commencent mal. Martine, l'assistante, lui confie dès la première minute que son ambition première, c'est de s'occuper de ses enfants. Quittée par son mari il y a dix ans, elle traîne une mélancolie profonde qu'elle soigne par les plantes, la lumière, la méditation. Le bonheur est sa spécialité, elle dévore les ouvrages qui lui sont consacrés. Malgré cela, elle exsude un tel mal-être que chaque matin quand elle donne un euro au SDF devant l'arrêt de bus qui dessert Nutribel, c'est lui qui la réconforte d'un « bon courage ». « Oui, c'est un beau projet de s'occuper de ses enfants, mais Nutribel, vous y croyez quand même un peu ? — Oui, oui. » Martine opine, sans conviction. « Et c'est quand même hyper motivant d'apporter sa pierre à l'entreprise. Grâce à Nutrisales on va capitaliser toutes les bonnes idées pour favoriser leur diffusion. C'est un projet magnifique, non ? — Oui. » Au moins Martine n'est pas contrariante.

Claire reçoit ensuite Julien, le graphiste. « Qu'est-ce qui vous a amené à Nutribel ? « Euh... » Claire l'invite à poursuivre. « Ben, c'est mon oncle qui m'en a parlé. » Elle a bien vu qu'il portait le même patronyme qu'un membre du Conseil d'administration. Ils sont donc bien liés. Julien éternue dans son café projetant sur elle des gouttes de liquide brûlant. Claire se lève d'un bond. « Excusez-moi, tenez. » Il lui tend un paquet de mouchoirs en papier. « J'en ai toujours sur moi, je suis allergique. » Claire frotte le tissu de sa robe blanche constellée de petits points noirs. « Il faut mettre du sel je crois, ou peut-être du vinaigre, je ne sais plus. — Et vous avez du sel et du vinaigre dans votre bureau, vous faites souvent des vinaigrettes ici ? » Julien s'excuse. « Bon, c'est pas grave, continuons. » Claire poursuit l'entretien, vigilante face à chaque mouvement de ce sosie de Pierre Richard.

L'entretien que Claire redoute le plus est celui avec Michel, le webmaster. Elle le connaît de réputation : il écrit. Non pas des lignes de code qu'elle lui demande pour mettre en place le site internet, mais des poèmes, des pièces de théâtre, des romans, des nouvelles. Il a inondé tous les éditeurs parisiens de ses manuscrits, jusqu'à ce jour impubliés. Jamais il ne se décourage et retente sa chance avec la même espérance, inlassablement, citant en exemple Albert Cohen qui ne connut la célébrité qu'à soixante-treize ans ou Stieg Larsson, l'auteur de la saga à succès *Millenium*, inconnu de son vivant.

Michel est un rentier de Nutribel : il profite de la réputation sociale de l'entreprise pour se faire entretenir sans fournir le moindre travail. Il est à lui seul une arme de destruction massive. Démotivant les troupes, les incitant à la révolte « mais à quoi bon travailler, personne ne vous remerciera ! », il a peu à peu été isolé du cœur de métier de Nutribel. Il aurait pu être licencié pour faute grave une bonne cinquantaine de fois mais personne n'a eu le courage de mener à son terme la procédure pour éviter de compromettre cette fameuse réputation « humaine » que l'entreprise brandit comme un label. « C'est très intéressant ce violon d'Ingres. Peut-être que vous pourriez évoluer vers du rédactionnel pour le site Nutrisales, si la création et la maintenance du site ne vous occupent pas à temps plein, ça vous intéresserait ? — Pas vraiment, non. Je tiens à préserver mon écriture du bavardage commercial. — Que voulez-vous dire par là ? — Je ne veux pas que mon style soit contaminé par mon travail. L'écriture c'est ma passion, pas du travail, il faut garder les deux domaines étanches. — Je comprends. » En fait elle ne voit pas bien en quoi le « bavardage commercial » pourrait perturber la prose de Michel.

Ces entretiens ont brisé l'entrain de Claire. Aucun de ses trois collaborateurs n'est impliqué. Pour eux, l'entreprise est au mieux un banquier bienveillant, au pire un obstacle à la pleine réalisation de leur passion. On passe plus de temps au bureau qu'avec sa famille, ce doit être un enfer de devoir se lever chaque matin pour aller au travail en étant si peu motivé. Comment font-ils ? Comment supportent-ils l'image qu'ils renvoient ? Ces interrogations minent Claire. Plus de doute possible, Corinne ne lui a pas octroyé une nouvelle chance, elle veut la perdre.

Trois semaines plus tard, le projet Nutrisales est au point mort. Claire piaffe d'impatience devant son écran. Sans soutien de sa hiérarchie, ses tentatives pour exposer le principe du site de bonnes pratiques aux personnes relais sont restées sans réponse. Et, en interne, la petite équipe qui lui a été allouée a confirmé ses craintes. Julien a perdu tous ses fichiers, le prototype de site réalisé par Michel a vingt ans de retard. Martine a jeté l'éponge : elle se repose chez ses parents.

Claire s'est rendue à l'évidence : ses collaborateurs

constituent un échantillon varié des « bras cassés », ces salariés dysfonctionnels que la politique RH bienveillante de Nutribel empêche de licencier. Oubliés dans des services moribonds, ils sont octroyés aux cadres en disgrâce.

L'expression « bras cassé » est au-dessous de la réalité. Chez les collaborateurs de Claire, chaque organe, chaque os, chaque tendon recèle son lot de malheurs. Mal au dos, aux dents, au ventre, au genou, à la tête, à la gorge, à la cheville, au foie... Et quand ce n'est pas leur propre corps, ce sont les circonstances qui se liguent contre eux. Chaque jour apporte une nouvelle moisson de défaillances : incident de voyageur, colis abandonné, chaudière défaillante, enfant fiévreux conduit aux urgences, suicide du voisin. Depuis qu'elle les connaît, les collaborateurs de Claire ont cumulé trois suicides sur les rails, cinq colis piégés, quatre bronchiolites, deux mères gravement malades, chaque catastrophe occasionnant des retards variant d'une demi-heure à trois heures. Victimes de mille maux, ils traînent des pieds, ne viennent pas au bureau, n'ont pas la tête à travailler. Au début Claire a été intraitable, consignant chaque manquement au contrat de travail. Elle a fini par céder devant cette rébellion des circonstances et des organes.

Lorsque le monde de l'action s'éloigne, tout devient événement. Claire suit l'évolution de deux gros nuages noirs, gonflés comme des outres. Elle attend qu'ils éclatent. Elle observe la course des gouttelettes glissant péniblement le long de la vitre, se rejoignant pour fusionner en une goutte plus grosse, prenant de la vitesse, sillonnant jusqu'au rebord de fenêtre. Elle apprend à faire attention aux variations de la couleur du ciel, à la forme des nuages, au trajet de la pluie, aux bruits à peine perceptibles. Elle ne détache pas son regard du rayon de soleil chargé de poussière en suspension qui projette une trace blanche sur le bureau. Claire scrute la pièce, étonnée. Il lui semble qu'elle a rétréci. En passant à côté de la table de réunion pour atteindre la table de travail, elle frôle la bibliothèque. Elle se raisonne, c'est ridicule, elle doit projeter sur ce pauvre bureau la réduction de ses prétentions. Peut-être qu'elle est en train de devenir folle. L'oisiveté est mère de tous les vices, dit le proverbe.

À dix-neuf heures, Claire quitte le bureau. En cheminant dans le couloir, elle sent les regards se détourner. C'est officiel, elle est en quarantaine. Pestiférée. Elle passe devant eux en rasant les murs, n'osant plus se mêler aux petits groupes qui vont ensemble dans la salle de repos boire un dernier café ou lire la presse du jour. Adossée contre la barre du métro, elle ferme les yeux et s'efforce d'oublier sa journée.

Claire se verse un verre de cognac et s'allonge sur le canapé. La voix d'Ella Fitzgerald emplit la pièce. Elle se sent bien chez elle, dans le cocon de son appartement. Elle se noie dans le gris-bleu du ciel et des toits déchirés par l'aile dorée de la Poésie dressée sur le toit de l'Opéra. Cette atmosphère, cette vue, cette douceur que prend la vie quand on a de l'argent et un statut, elle fera tout pour ne pas les perdre. Elle doit se reprendre. Elle n'a qu'une demi-heure pour retrouver ses forces avant le retour d'Antonin. Même si elle a moins de travail, elle n'a pas modifié ses habitudes. Elle sort du bureau à peine plus tôt et a emporté avec elle son ordinateur portable.

Officiellement, les cadres de Nutribel n'ont pas d'horaires, ils peuvent arriver et repartir quand bon leur semble. Dans les faits, le surmoi est plus sévère que la pointeuse. Un cadre ne part pas avant dix-neuf heures, par peur de se voir reprocher de « prendre son après-midi ». En revanche, une arrivée tardive au bureau, vers neuf heures trente ou dix heures est tolérée. C'est le signe qu'on a potassé ses dossiers tard la veille ou qu'« on a une vie ».

« Avoir une vie » en dehors de l'entreprise est encouragé par Nutribel, comme tout ce qui concourt à l'enthousiasme et à la productivité du salarié. Les personnels administratifs et techniques ne sont pas soumis au même rythme. Habitant souvent en banlieue, les secrétaires arrivent et repartent tôt pour éviter les heures de pointe, ce qui crée des situations étranges où le patron en réunion toute la journée ne voit quasiment pas son assistante et ne communique avec elle que par mail et SMS.

Même sous-occupée, Claire veille à conserver ses horaires. Les apparences sont sauves. Allongée, elle observe deux pigeons querelleurs gonflant leurs plumes sur le toit en face. Elle fixe la sculpture dorée à en avoir mal aux yeux. Le temps de recomposer son masque et d'oublier sa journée. Elle monte le son des enceintes acoustiques très sophistiquées qu'elle peut commander depuis son smartphone. Claire et Antonin aiment les prouesses techniques, la perfection des objets. Il y a un plaisir particulier à faire fonctionner un levier de vitesse qui réagit au quart de tour, à voir s'animer sur l'écran plasma des images nettes et contrastées comme au cinéma ou à écouter un son pur stéréo. Presque une sensation de pouvoir. Claire ferme les yeux et essaie de ne penser qu'à la musique. Pendant que l'alcool dilue la colère et l'ennui de la journée, Ella Fitzgerald chante, faisant jaillir des sons déchirés et envoûtants. La tristesse devient majesté paisible. Claire s'abstrait d'elle-même, cette voix forte et bouleversante devient son seul présent, renvoyant au néant la journée écoulée. En chanson, la tristesse est autorisée. Catharsis.

Le soleil dégringole sur la pente des toits, éclairant d'une lumière rouge orangé le gris des tuiles. À vingt heures trente, Claire fait taire Ella Fitzgerald. Elle mâche un chewing-gum à la menthe et attend Antonin en lisant *Les Échos*. Elle lui cache ses blessures mais elle compte sur sa présence pour tenir debout.

Elle reconnaît le pas d'Antonin dans l'escalier, il ne prend jamais l'ascenseur, ne perdant pas la moindre occasion de « se bouger ». Comme tous les soirs, il desserre sa cravate d'un geste précis et suspend soigneusement sa veste dans le placard de l'entrée abusivement nommé « dressing ». Là, sur le canapé, Claire se sent comme une femme au foyer qui attend que son mari lui raconte sa trépidante journée de travail. « Alors le boulot ? »

C'est la question que Claire redoutait. Elle récite la réponse qu'elle a préparée. « Pas mal, beaucoup de travail, des réunions toute la journée, pas eu le temps de voir le temps qu'il fait. » Antonin la scrute lentement. Un instant, le cœur de Claire palpite, il va deviner. Alors pour ne pas lui laisser le temps de réfléchir, elle noie ses soupçons sous un torrent de mots, inventant des intrigues de bureau, brodant des rebondissements, créant des personnages.

Dans le couple comme dans l'entreprise, il faut se vendre et se présenter sous son meilleur jour. Il serait désobligeant de n'avoir rien à raconter. Comme dans ce film de Truffaut où le silence d'un couple en tête à tête au restaurant sonne le glas de leur histoire d'amour. Faire semblant, faire bonne figure, mentir par omission sur ses tâches réelles, le nombre de ses collaborateurs, son rythme de travail. Devant Antonin, Claire est « toujours sous l'eau », rentre tard à la maison, répond sans relâche aux e-mails urgents sur son smartphone. Antonin ne demande qu'à la croire pourvu qu'elle y mette suffisamment d'assurance. Il opine à son bavardage, le danger est passé, il n'a rien deviné.

Il se lance dans la description de sa journée à lui. « Appel d'offre, nouveau client, déjeuner professionnel au café Lenôtre, rush, charrette, prise de participation, synergies, stratégie commerciale, post-fusion, benchmark, stratégique, challenging. » Claire saisit ces mots au vol. Elle serait presque jalouse de l'épuisement qu'elle lit sur les traits d'Antonin qui lui rappelle un monde dont elle se sent exclue, celui de l'émulation devant un défi à relever, celui de la douce et orgueilleuse fatigue du travail accompli.

Antonin s'installe sur le canapé. Claire part dans la cuisine d'où elle lui crie les diverses possibilités qu'offre le congélateur ce jour-là. « Puisque tu rentres plus tôt que moi en ce moment tu ne pourrais pas faire un peu de cuisine ? » Cette phrase sidère Claire. Comme un coup frappé en plein cœur. Antonin a bel et bien remarqué qu'elle rentrait plus tôt qu'avant. Il va falloir redoubler d'attention pour ne pas éveiller ses soupçons. Devant les clayettes éclairées d'une lumière jaune, Claire s'immobilise quelques secondes. « Je n'ai pas que ça à faire. »

Antonin l'enlace. « Ne te fâche pas. Qu'est-ce que tu es susceptible en ce moment ! » Claire s'énerve pour un rien, cette phrase était anodine, comme le sont tous ces mots prononcés sans être vraiment pensés. « Et si on allait au resto, nous l'avons bien mérité, non ? — Oui. » En répondant, Claire tient sa voix comme on retient un animal prêt à mordre, en donnant à ce « oui » l'inflexion la plus neutre possible, avec juste ce qu'il faut d'enthousiasme. Un dîner banal d'un couple parfaitement conforme aux normes socio-économiques, un dîner comme point final d'une longue journée productive, avec des responsabilités importantes, trop peut-être, rapportées à leur jeune âge.

Le resto en bas est un ancien troquet. Il a suffi de remplacer par quelques bougies les lampes art déco en verre dépoli, d'échanger l'antique bourguignon contre du bœuf au saté, et de repeindre les murs en blanc pour en faire le nouvel endroit à la mode. Immédiatement, à la clientèle modeste, s'est substituée, comme s'ils s'étaient donné le mot, une nouvelle population d'amateurs d'after-work et de dîners *authentiques et tendance*. Chaque fois qu'elle passe la porte, Claire ne peut s'empêcher de se demander où sont passés les anciens clients et s'il existe encore dans Paris des lieux pour les accueillir.

Antonin salue chaleureusement le patron, adresse un clin d'œil aux serveurs. Il aime plaire à tout le monde, non seulement aux personnalités importantes mais aussi à la concierge, la boulangère et, sans discrimination aucune, à tous les commerçants du quartier. L'avantage, c'est que le patron leur donne toujours une table bien placée, avec vue sur la rue.

Le dîner commence par deux coupes de champagne, c'est devenu une habitude. Plus que le goût, Claire et Antonin aiment l'idée du champagne, les bulles, le luxe, le son cristallin des coupes qui s'entrechoquent. Antonin est bavard. Heureusement ! Les capacités d'invention de Claire commencent à s'épuiser. Elle est lasse de broder sur le prétendu dossier hyper stratégique que sa n+1 lui a confié et d'inventer des explications au retard dans le lancement de Nutrisales. Claire chipote sur sa dorade sésame-teriyaki et sa purée de légumes oubliés. « Jeff va devenir partner, tout le monde en parle, c'est une chance d'être dans son team. Quand ton boss performe, c'est hyper valorisant pour son équipe. » Claire approuve.

Quand Antonin évoque les gens qui ont « performé », ses yeux resplendissent d'un lustre fiévreux. Il aime tout ce qui brille. Claire redoute cette façon qu'il a de rechercher le succès. Que ferait-il s'il apprenait qu'elle a cessé de « performer » ? Le serveur enlève l'assiette à laquelle Claire n'a pratiquement pas touché, avec un froncement de sourcils réprobateur. « Je n'ai pas très faim aujourd'hui, un déjeuner pro trop copieux. » Le serveur revient avec une assiette blanche rectangulaire. Sur la gauche, une tarte Tatin « revisitée », accessoirisée. À côté d'elle, un petit pot en céramique jaune poussin rempli d'une onctueuse sauce rose, le coulis de fraise tagada. Le cuisinier a dû louper sa vocation de styliste. Antonin plaisante avec le serveur, il y a en lui un acteur qui ne quitte jamais son rôle, qui aspire à transformer chaque moment en scène mémorable et chaque phrase en réplique enlevée. Claire pose sa main sur la sienne. « Quel beau couple vous formez. » Antonin rougit de plaisir, il aime être envié.

Claire se love contre Antonin. Elle voudrait lui dire

qu'elle l'aime. Elle ne parvient pas à s'endormir. Elle entend les sifflements du lave-linge, ses ronronnements et ses déclics entrecoupés de pauses. En prenant garde à ne pas réveiller Antonin, Claire va dans la salle de bains. Un demi-comprimé. Claire se demande si Antonin soupçonne quelque chose. Si elle fait tout pour lui cacher ses difficultés, elle est abasourdie de constater à quel point l'homme censé le mieux la connaître peut vivre auprès d'elle sans rien deviner. Se soucie-t-il d'elle au-delà de l'image du couple idéal qu'ils projettent aux yeux d'autrui ? Son aveuglement est-il indifférence, lâcheté ou délicatesse ? On vit ensemble comme si on se connaissait, mais on ne sait rien l'un de l'autre. Peut-être qu'elle aussi ignore tout de ses ressorts intimes, de ses tristesses profondes.

Claire est sur le point de tomber. Dans un ascenseur sans fond. Elle se réveille en sursaut à une seconde de la chute, en suspens, dans les airs. Les nuits précédentes, c'était au bord d'une falaise crayeuse puis le long d'un puits aux pierres en quinconce. Elle ne parvient pas à se rendormir. Tout se passe comme si la plainte et l'angoisse cadenassées dans la journée renaissaient pendant la nuit sous une forme cauchemardesque et hallucinatoire. Elle se retourne, elle bâille. À côté d'elle, le souffle d'Antonin est régulier. Elle se blottit contre lui.

Claire est dans une salle de classe, elle reconnaît les vieux bureaux incisés au cutter et taggés au Tipp-Ex, la carte de France aux couleurs délavées accrochée au mur, les chaises en tubulure verte. Elle relit plusieurs fois la feuille d'examen sans comprendre l'énoncé. « En vous appuyant sur le théorème de Nutribel, vous expliquerez l'évolution du taux de profit. » Claire a oublié la formule. Elle fouille dans sa mémoire, rien ne lui revient. Pourtant le théorème de Nutribel, elle le connaît sur le bout des doigts. Il doit y avoir un x quelque part, un sigma, un epsilon. Elle ne sait plus. Elle rend copie blanche. Tout le monde la regarde. Les autres élèves ont les visages de ses collègues. Elle se réveille, l'angoisse l'étreint. Elle se lève et prend un demi-comprimé blanc.

Dans un demi-sommeil, Claire attend qu'Antonin fasse taire cette stupide mélodie qu'il a choisie comme réveil matinal. « Ready to Start » d'Arcade Fire en live. Dix minutes passent. Claire ne réussit pas à se lever.

Elle se traîne à la cuisine. Antonin boit un café debout en lisant ses messages sur son téléphone. Claire verse l'eau bouillante, espérant qu'un bol de thé lui redonnera un peu d'énergie. Antonin est silencieux. Tant mieux : après ces nuits sans sommeil, la moindre remarque, même la plus anodine, peut déclencher chez elle une réplique acide. Pas de riposte graduée, la guerre immédiate et totale. Claire se sent à vif. Un rien la transforme en mégère. Elle le sait et tente d'endiguer la métamorphose.

Face au miroir, Claire asperge son visage d'eau froide pour tenter de donner un coup de peps à ses traits fatigués. Elle a le teint pâle, des cernes bleus qu'elle recouvre méthodiquement au pinceau comme on camoufle une blessure. *Les pigments Lumière Haute Définition du fond de teint Perfection Lumière vous font un teint éclatant, lumineux et unifié et révèlent l'éclat de votre peau.* Claire a tellement mal dormi que le simple contact des lentilles sur ses yeux est insupportable. Elle presse le flacon de larmes artificielles. « Manque de larmes » avait diagnostiqué l'ophtalmologiste. Elles doivent rester quelque part dans ses yeux, agglutinées derrière l'iris, contenues comme lorsqu'on réprime un fou rire ou un sanglot douloureusement.

Antonin s'impatiente. « Mais qu'est-ce que tu fais, je vais être en retard, j'ai un meeting à neuf heures à la Défense ! » Il ne se rend compte de rien ou il fait semblant de ne pas voir ? Il pousse la porte. « Laisse-moi un bout du lavabo. » Il regarde fixement Claire sous la couche de sérum dynamisant, de crème de jour, de fond de teint et d'enlumineur. « Tu as l'air bizarre, t'es sûre que t'es pas enceinte ? »

Claire éclate de rire, d'un rire aussi irrépressible que la remarque est absurde, d'un rire qui lui soulève la poitrine de spasmes violents et finit dans un sanglot. La digue est rompue, les larmes contenues s'écoulent avec la violence d'un flux longtemps réprimé. « Tu es malade, qu'est-ce que tu as ? » Sa voix se fait douce, « excuse-moi je suis un peu speed ce matin à cause du meeting. — C'est rien, j'ai mal dormi cette nuit. — Tu es sûre ? » Claire répond fermement un « oui » qui claque et clôt la discussion. Heureusement, Antonin est pressé, il ne s'attarde pas.

Dans le miroir, Claire constate les dégâts, le mascara dégoulinant dessine des sillons couleur charbon sur sa peau. Elle se passe un gant tiède sur le visage, termine le nettoyage avec deux disques de démaquillants et elle recommence le camouflage.

Dans la rue, les crissements des freins, les coups de klaxon, les pétarades des scooters l'agressent. Il lui semble qu'aujourd'hui les bruits de la ville la stressent. Paris est devenu menaçant. L'odeur de caniveau mêlée aux effluves de viennoiserie déversés dans la rue par les boulangeries pour aguicher le client lui donne la nausée. *Le diffuseur olfactif Flagrance, pionnier du marketing olfactif, stimule l'acte d'achat en chatouillant les narines du consommateur.*

Claire esquive de justesse un passant pressé. Sous terre, son malaise augmente. Le fracas de la rame de métro entrant dans la station lui broie les tympans. Serrés comme des pondeuses dans leur batterie d'élevage, les voyageurs tanguent et se bousculent. Elle s'accroche à la barre, enfouissant le nez dans son écharpe pour échapper au parfum trop suave, une imitation bas de gamme d'*Angel*, que porte la femme à côté d'elle. Fermant les yeux, elle imagine que sa carte magnétique a été désactivée pendant la nuit, qu'elle ne peut pas entrer chez Nutribel, qu'elle reste dans le hall, privée de but et d'existence sociale. Elle se rappelle ce film dans lequel une femme abandonnée par son amour avant de prendre l'avion traîne des jours entiers dans un aéroport. Elle pourrait faire cela, errer ou s'asseoir par terre, ne plus bouger, s'exposer à l'humiliation publique.

Claire colle sa carte magnétique au lecteur. Le portillon reste fermé. Elle panique, repasse la carte contre le lecteur, le cauchemar devient réalité. L'hôtesse, souriante et compétente, s'approche d'elle. « Mademoiselle, vous avez mis votre carte de métro. — Ah, pardon, je suis mal réveillée. » Claire extrait le bon badge et entend le Bip salvateur. Elle entre.

Évidemment, Martine et Michel sont absents. Martine

est en congé maladie et Michel est en retard, comme tous les jours. Julien est dans son bureau, en discussion avec le service informatique « je ne comprends pas, hier mon fichier était là, je l'avais enregistré, j'en suis sûr ». Claire s'effondre sur son fauteuil. Elle est épuisée. Par la nuit, par les larmes, par ses collaborateurs.

Elle n'a rien à faire aujourd'hui. Son projet de développement de Nutrisales est suspendu au feu vert de Corinne. Claire essaie de toutes ses forces de garder les yeux ouverts. Dormir au bureau, ce serait vraiment la déchéance. Elle ouvre sa messagerie. Aucun mail professionnel. Pour passer le temps et rester éveillée, elle lit attentivement chaque ligne des messages publicitaires.

Vers dix heures trente, transhumance vers la machine à café. Derrière sa porte, Claire entend des éclats de voix, des portes qui se ferment, des pas qui s'accélèrent à l'approche de son bureau. Claire devine les conversations sur un film vu la veille, un nouveau resto dans le quartier, le temps insolemment ensoleillé. Plus personne ne passe la chercher pour ce rituel conforme à la Nutribel's attitude.

Elle imagine le front de Grégoire se plisser pour annoncer la nouvelle de sa disgrâce. Elle croit entendre le débit d'Élise s'accélérer, tempérant sa précipitation de répandre le ragot afin de ménager le suspense, « la pauvre, ça va pas être facile pour elle », elle l'imagine rajoutant des détails, brodant sur l'échec d'Energetis, sur l'enlisement de Nutrisales. « Elle n'a rien vu venir, la pauvre. » Claire les imagine tous réunis devant Georges, la machine à café, parier des espressos sans sucre sur le temps qu'elle va tenir avant de jeter l'éponge.

L'attroupement attire du monde. Chacun se mêle à la conversation, brodant autour de la disgrâce de Claire. Les divertissements sont rares dans l'univers policé de Nutribel et les amateurs de rumeurs doivent faire feu de tout bois, transformant, grâce à un sens aigu de la mise en scène, une malheureuse péripétie de la vie de bureau en véritable Watergate. Puis le silence emplit tout. Même le photocopieur est muet. Il faut traverser le long tunnel des heures désertes jusqu'à midi. Claire tente de domestiquer l'ennui, de calmer l'ébullition intérieure, de contenir l'envie de renverser les dossiers, le bureau, les plantes. Il y a tant de cris sur le bout de sa langue. Mais son orgueil l'empêche d'aller chercher du secours.

Elle furète sur le net. Elle tapote sur Google « placardisation ». Elle se plonge dans l'article d'un psychologue spécialiste du stress au travail et des risques psychosociaux. « Risques psychosociaux », une façon pudique de parler des vexations et des humiliations des petits chefs, des formes atténuées de harcèlement. Pour elle, c'est davantage qu'un risque, la maladie est déjà déclarée. Ce petit cancer salarié la mine progressivement. Le psychologue interviewé conseille d'écrire pour se libérer des « émotions négatives » et de tenir un journal. Mais Claire n'est pas inspirée. Difficile d'oser avouer l'échec professionnel quand on est programmé pour réussir. Cacher ce qui dysfonctionne, mettre en valeur ses points forts, positiver comme on le lui a appris. Et d'ailleurs qui l'entendrait ?

Claire ferme brusquement la page web. Et si Nutribel surveillait ses navigations ? On pourrait lui reprocher de surfer sur des sites non professionnels. La charte de l'usage des télécommunications dans l'entreprise préconise un « usage raisonnable ». Mieux vaut être prudent. Que faire alors dans un bureau quand personne n'attend rien de vous ? Elle se met à envier les travailleurs manuels, ceux qui fabriquent des choses palpables et qui au bout de leur journée peuvent toucher, tenir dans leur main le fruit de leur travail. Elle pense à son grand-père tonnelier, le dos courbé, plaçant les planches côte à côte, les douelles dans le cercle de montage, puis chauffant le tonneau au brasero pour arquer le bois. Elle se souvient de son visage crispé dans l'effort quand il enfonçait les cercles de fer à la masse dans un fracas assourdissant. Et de sa satisfaction devant la pièce finie.

Claire regarde l'heure. Depuis qu'elle est isolée, la cantine est devenue l'affront suprême en même temps qu'un dérivatif à son ennui. Dès dix heures quarante-cinq, elle scrute l'horloge en bas à droite de l'écran. 10 h 49, 11 h 03, 11 h 16, 11 h 32, la matinée s'étire. 11 h 37, 11 h 44, elle commence à se préparer : le temps de se laver les mains et de descendre les deux étages et ce sera l'heure. Autant aller déjeuner tôt pour ne croiser personne.

Avant, l'agenda de Claire était complet trois semaines à l'avance. Elle « déjeunait à l'extérieur » avec des prestataires ou des distributeurs. Elle n'allait à la cantine qu'en cas de rush, pour avaler vite fait un plat assorti de l'inévitable produit laitier Nutribel. Elle déjeunait tard. Les cadres mangent toujours après treize heures : leurs tâches sont trop importantes pour être interrompues par la satisfaction des besoins du corps. Passé treize heures, il y avait moins de choix dans les desserts mais peu importait, Claire ne sentait pas ce qu'elle mangeait. À la fin du repas, elle était incapable de dire ce qu'elle venait d'avaler. Ce qui comptait, c'était avec qui elle déjeunait. Tisser son réseau pour étendre sa toile. Faire savoir plutôt que savoir faire. Expliquer à son n+1 quels obstacles elle avait dû surmonter dans le projet Machin, comment sans elle, tout aurait échoué, comment elle avait fait plus fort que les concurrents.

Maintenant c'est la cantine tous les jours, quatre plats au choix, légumes à volonté, une animation par semaine, « Voyage en Asie », « Saveurs italiennes » ou « Générosité africaine ». Et bien sûr, les produits laitiers fabriqués par Nutribel, gratuits, en nombre illimité, pour tous. « Du poisson, des frites et des légumes s'il vous plaît, oui de la sauce, merci. » Une diction nette et précise. Ce sont les premiers mots qu'elle prononce depuis le matin. Alors elle s'applique.

Elle porte son plateau au fond, dans le coin où sont situées les tables les plus petites pour solitaires et duos, loin des grandes tablées où une équipe s'agglutine autour de son chef, s'esclaffant de ses bons mots – un chef est toujours drôle –, prenant des mines importantes dès que les mots « projet », « stratégie », « budget » sont énoncés. Claire se cache derrière la fontaine à eau pour éviter d'être vue seule, avec un journal ou son iPod sur les oreilles. Un jeune cadre dynamique n'écoute pas France Inter à l'heure du déjeuner, il échange avec ses pairs.

Claire observe furtivement ses compagnons de solitude. Toujours les mêmes. L'homme à la télé, un casque vissé sur son crâne chauve, qui fixe un écran miniature. Le quinquagénaire dopé aux vitamines : sur son plateau, Supradine, vitamine C, Guronzan. L'informaticien au regard incertain qui semble maximiser le nombre de calories, pizza, frites, gâteau basque et deux sodas. L'hôtesse d'accueil, chignon serré et tailleur ajusté, qui déjeune en décalé de ses collègues pour assurer la continuité du service. Elle semble loin. Son emploi est certainement alimentaire, sa vraie vie est ailleurs. Il n'existe plus aujourd'hui d'hôtesse, de serveur, de vendeur qui se revendiquent hôtesse, serveur ou vendeur : chacun cache un joueur de cithare, un comédien ou un danseur de salsa.

Les uns se donnent une contenance en fixant de gigantesques écrans diffusant LCI en boucle, les autres guettent du coin de l'œil l'improbable stagiaire qui viendrait rompre leur solitude, d'autres, au contraire, tournent le dos à l'entrée. Ceux-là ont renoncé, ils n'attendent plus personne. L'homme à la télé croise le regard indiscret de Claire. Elle détourne les yeux et restaure l'attitude qui sied dans un restaurant d'entreprise : une distance raisonnable, une indifférence polie. Ne pas s'appesantir, faire comme si leur solitude était un choix, car ce qui n'est pas vu n'a pas d'existence.

Ces solitaires ont tous un air étrange, des tronches de noyés. Claire craint plus que tout de leur ressembler. Alors elle se concentre sur les points positifs. Les coachs et autres experts en bonheur conseillent de noter chaque jour ses petites victoires et ses moments de plaisir. Aujourd'hui koulibiac de saumon et clafoutis aux poires. Claire a eu le temps d'affiner son choix en étudiant le menu dès son arrivée dans sa boîte mail. Escalope de veau milanaise ou travers de porc laqués ? Gâteau au chocolat ou salade de fruits à la menthe ? Ce sont maintenant les seules questions qu'elle ait à trancher. Claire savoure lentement chaque bouchée pour tenter de trouver le goût des produits. Bizarrement, elle ne prend pas un gramme. Les calories s'évaporent, le ressassement les fait fondre avant qu'elles ne s'incrustent. En quelques semaines, elle a perdu quatre kilos, elle n'a que la peau sur les os.

Claire en a assez. Elle va prendre un vrai café à l'extérieur. Après tout, personne ne l'attend. Elle marche loin, elle ne veut pas croiser ses collègues. Par habitude, elle consulte l'écran de son smartphone tous les dix mètres. Dehors, le soleil dessine le contour des passants avec une précision inhabituelle. Dissoute dans le flux des piétons, elle marche au hasard, se laissant porter à la dérive. Tout ce qu'elle désire, c'est trouver un lieu suffisamment animé et anonyme pour pouvoir lâcher la bride à ses pensées et laisser tomber le masque du bonheur obligatoire.

Elle s'attarde devant la devanture d'une librairie qu'elle avait à peine remarquée jusque-là. Depuis combien de temps n'est-elle pas entrée dans une librairie ? Enfant, elle dévorait les livres. Depuis qu'elle travaille, la lecture est devenue purement utilitaire ou confinée aux vacances où l'on emporte à la hâte deux ou trois romans ornés d'un bandeau accrocheur choisis au hasard dans le Relay H de l'aéroport. À vrai dire, ce sont les livres qui l'ont fuie. Le bannissement a commencé par la poésie. Les mots ont cessé de lui parler. Les phrases se sont dérobées. Comme si les livres s'étaient étiolés, anémiés, affadis. Le désamour a commencé lors d'un stage à Londres. Après une journée immergée dans les chiffres, Claire espérait profiter de son temps libre pour lire tous les soirs. Elle ne connaît personne à Londres et les festivités after work étaient rares dans cette banque à la culture d'entreprise puritaine. Elle se revoit sur le canapé trop mou de l'appartement de Trinity Square, feuilletant un volume de Yeats. Impossible de fixer quoi que ce soit. Elle lisait un vers et rien ne se produisait. Les premiers mots, ceux qui ouvraient la voie aux autres, avaient perdu leur pouvoir d'ensorceler. Les phrases étaient gelées. Elle essaya un livre en français, elle avait été trop ambitieuse de penser qu'après une journée de travail elle aurait encore la force de lire en anglais. Même malédiction.

Claire décide d'entrer. Elle laisse ses yeux errer sur les titres, effleurant les reliures de la pulpe de ses doigts.

Effectivement tu es en retard sur la vie,
La vie inexprimable,
La seule en fin de compte à laquelle tu acceptes de t'unir,
Celle qui t'est refusée chaque jour par les êtres et par les choses,

Dont tu obtiens péniblement de-ci de-là quelques fragments décharnés
Au bout de combats sans merci.

Pourquoi aujourd'hui ces mots reviennent-ils, ces mots qu'elle avait aimés, murmurés, répétés comme une litanie ?

Claire avait trouvé *Le marteau sans maître* un après-midi d'automne chez un bouquiniste sur les quais, l'œil attiré par ce mince volume exposé à tous vents. Intriguée par le titre, elle l'avait ouvert : le livre conservait les traces de ses vies précédentes, des noms, des dates, des lieux, des passages soulignés, des annotations manuscrites. Les livres qui ont vécu racontent en marge de leur histoire un peu de la vie de ceux qui les ont lus, annotés, commentés. Elle avait acheté le volume oublié de tous pour mettre un terme à sa déchéance, de la bibliothèque au grenier, de la résidence principale à la maison de campagne, du salon à la chambre d'amis. Elle avait emporté le livre à Londres, où elle l'avait laissé dans le studio meublé. L'éblouissement initial, le livre qui résiste, qui se refuse, et finalement l'oubli. Elle n'avait plus jamais pensé à René Char.

Claire se dresse sur la pointe des pieds pour atteindre l'étagère la plus haute. Le livre est là, dans une édition de poche. Elle reconnaît l'illustration sur la couverture blanche. Elle l'attrape et se dirige vers la caisse. Autant recommencer là où tout s'est arrêté.

De retour dans son bureau, elle attend. Elle attrape le livre dans son sac à main, l'insère dans un épais dossier et commence à tourner les pages. En cas de visite impromptue, elle aura le temps de masquer sa lecture peu professionnelle. Précaution inutile, plus personne ne passe la porte de son bureau.

Vers dix-sept heures, un clic annonce l'arrivée d'un e-mail. Claire se précipite sur l'icône « boîte de réception » dans l'attente de nouvelles de Nutrisales. Ce n'est qu'un mail du « Bureau de la gestion des ressources humaines et de la logistique ». M. Macaret, responsable logistique, indique s'être aperçu d'une anomalie non conforme au plan de densification. Le nouveau poste de Claire est classé « Encadrement intermédiaire 2 » alors qu'elle occupe actuellement le bureau d'un « Encadrement intermédiaire 1 ». En conséquence, « une mise aux normes édictées par le plan de densification a été initiée, afin de réduire la surface de 23 m^2 à 16 m^2 ». Son mobilier a été adapté à la nouvelle surface. L'auteur du message se félicite de la rapidité de l'opération : « Vous avez de la chance, nous avons fait tout notre possible pour que toutes les opérations (tracé, déplacement de la cloison mobile, changement de mobilier) aient lieu le week-end, afin de vous éviter les nuisances sonores occasionnées par les travaux, pendant vos heures de présence chez Nutribel. »

Claire examine le mur opposé à la fenêtre : le raccord de peinture est à peine visible. Vite fait, bien fait ! Au moins, elle n'est pas en train de devenir folle, le rétrécissement du bureau et du mobilier ne sont pas le produit de son imagination perturbée, mais le résultat bien réel d'une mise aux normes ! Elle relit cette note, se délectant ironiquement de ce jargon. Elle imagine son auteur, un ancien bouc émissaire à l'heure de la récré qui se venge des humiliations subies dans son enfance par l'application stricte des normes, des procédures et des circulaires, trouvant un refuge rassurant dans ce fanatisme réglementaire.

Ce rétrécissement du bureau est l'humiliation ultime. Claire prend rendez-vous avec le DRH. Elle a compris que plus rien ne la ferait sortir du placard dans lequel Corinne l'a poussée. Mais comment justifier son mal-être ? Les apparences sont sauves, elle a un poste, des collaborateurs, un salaire très confortable, son travail n'a fait l'objet d'aucune critique. Jamais Corinne n'a élevé la voix contre elle.

« Cinq ans, ça se fête, non ? »

Oublions un instant la crise, les déficits, la morosité ! Nous vous proposons une petite soirée avec vue sur la tour Eiffel pour nous retrouver tous ensemble et fêter notre anniversaire de promo le :

Samedi 3 mai 2014

Parce que finalement cinq ans c'est proche, mais tout de même assez loin... Voici l'occasion de se revoir pour se raconter nos réussites, celles de l'École toujours au top des fameux classements, bref de trinquer à tout ce qui nous est arrivé !

On vous attend pour fêter tout ça !

Les délégués de la promo 2009

La tour Eiffel domine de sa stature protectrice la terrasse des Ombres, le restaurant du musée du quai Branly.

La douceur de l'air donne des idées de vacances. Pourtant c'est de carrière, de marché du travail, de salaire et de bonus dont bruissent les conversations qui fusent ici et là dans l'attente que le directeur de l'École prononce son discours inaugural.

Avant la soirée, plusieurs ateliers ont été organisés. « Gestion de carrière en période de crise : conseils de spécialistes et Q&A », « monter sa propre entreprise », « comment s'inspirer des meilleurs ». C'est ce dernier thème que Claire a choisi, par défaut. « Comment surmonter la placardisation » aurait été plus utile, mais le sujet même étant tabou, une conférence sur le thème relèverait de la science-fiction. L'échec n'a pas droit de cité, surtout dans une soirée de promo où chacun doit raconter ses exploits et écrire sa légende.

C'est à cela que servent ces anniversaires : comparer à intervalles réguliers comment chacun a fait fructifier les atouts que l'École a mis entre ses mains. La confrontation est multifactorielle : carrière, vie privée, allure, forme. On scrute les ventres arrondis, les annulaires gauches autant que les nominations récentes. Mais l'essentiel est de se situer par rapport au salaire moyen de la promo. Au-dessus de 60 K€ annuels, on peut s'estimer fier. Et à la fin de la soirée on fait les comptes entre amis : Clémence a performé question vie privée, mais ses perspectives d'évolution professionnelle sont limitées, Valentine gagne sur tous les plans : elle vient de décrocher un beau poste chez Dior et va épouser un banquier prometteur, Quentin ne s'est pas encore casé mais il vient d'être « chassé » par une banque londonienne.

Le directeur de l'École s'avance vers son pupitre. « La période est morose. Les médias disent que la France va mal, que les jeunes n'ont envie de rien. Eh bien moi, je dis à ces pessimistes, venez parler avec les anciens de l'École. Regardez-les entreprendre, se donner à fond dans leur travail, s'investir. » Claire regarde autour d'elle : sous l'effet de ces paroles, les regards s'animent, les mentons se redressent. « Ce soir j'ai discuté avec plusieurs d'entre vous. Et qu'est-ce que j'ai vu ? Du talent, de l'énergie, la volonté d'y arriver. Cela fait tout juste cinq ans que vous êtes sortis du campus et vous êtes déjà avocat d'affaires, chef de projet marketing, trader senior. L'un d'entre vous a créé son entreprise de vente de seconde main sur le net, un autre a créé sa propre agence de com'. Bref vous êtes présents partout où se crée de la valeur. Et ce n'est que le début. »

Au lieu de la galvaniser, ce discours provoque chez Claire une bouffée d'angoisse. Tous ces visages semblent si contents d'eux alors qu'elle se sent si vulnérable. « L'École vous a formés à être des leaders capables d'anticiper les mutations du monde et même de proposer une nouvelle vision pour marcher avec allant au-devant des changements. Je suis fier de voir que cinq ans après votre départ du campus vous avez parfaitement relevé le challenge que constitue l'entrée sur le marché du travail. Alors continuez, allez de l'avant, le monde est à vous ! » Chacun applaudit en imaginant le leader visionnaire qu'il s'apprête à devenir. Claire pense à son rendez-vous lundi avec le DRH. Elle tape dans ses mains plus fort que les autres.

On se dirige vers les tables. Les groupes se constituent naturellement selon les liens noués cinq ans plus tôt. Claire suit Antonin. La lanterne sur la table éclaire les visages d'une lueur chaude. Les verres s'entrechoquent. Des plaisanteries fusent, on se taquine, on s'esclaffe. Laure raconte le dernier ragot sur Hugo, le bellâtre de la promo, qui aurait séduit une étoile de l'Opéra. « Il l'a quittée pour une riche héritière. Trente millions d'euros, sympa comme dot. » L'excitation monte quand la conversation roule sur le sexe et l'argent.

Antonin raconte ses nouveaux projets. « On est sur le point de signer avec un gros client en Chine. La Chine c'est quarante pour cent de la demande mondiale des métaux. Leurs besoins en cuivre, en alu, en zinc explosent. » Claire est ailleurs. Les exploits d'Antonin l'agacent. Elle a l'impression d'être différente de lui, de tous ses copains de promo assis autour d'eux. Elle ne mérite plus sa place, là, à cette table. Elle se sent comme un imposteur tremblant à chaque seconde que l'usurpation ne soit découverte.

Ils passent les commandes. « Carpaccio de bar ! » « Thon poêlé ! » « Risotto aux girolles ! » Antonin poursuit son récit et le malaise de Claire grandit. Les voix autour d'elle lui paraissent aussi vaporeuses que le souffle du vent dans les arbres. Que va-t-elle pouvoir dire quand son tour viendra de raconter son évolution chez Nutribel ? « Mon projet a échoué et cela fait des semaines que je passe mon temps à surfer sur Internet seule dans mon bureau. » Impossible d'avouer ça. Heureusement, la conversation dévie sur les dernières vacances. On passe en revue les projets des uns et des autres. Une opposition se fait jour entre les vacances françaises, statiques, des couples avec enfants qui veulent se poser et les voyages exotiques de ceux qui veulent encore « en profiter ». De temps à autre, Claire consulte ses mails sur son téléphone. Pour faire comme les autres. Contractuellement, rien ne les y oblige. Mais la peur de se faire doubler est plus forte qu'un contrat de travail. Jamais ils ne se déconnectent.

À côté de Claire, Sophie lui confie son « projet enfant ». L'expression fait sourire Claire. Juliette aurait bondi. Comme tous, Sophie et Étienne « gèrent » leur vie comme une entreprise. En mode projet. Claire l'inonde de questions afin d'éviter d'en dire le moins possible sur elle.

Sur la terrasse, la nuit est tombée, la fête est devenue rageuse, extrême. Chacun cherche à s'étourdir. Plus les moments de détente sont rares, plus il faut en profiter. Devant les baffles, des couples dansent face à face en agitant leurs corps de mouvements désordonnés. D'autres s'appliquent à réaliser des passes acrobatiques. « On y va ? » Claire accepte avec soulagement. Danser lui évite d'avoir à entretenir une conversation où elle risquerait de se trahir. Elle suit Antonin et imite les gesticulations des autres tout en grimaçant des sourires. Les basses assourdissantes des Black Eyed Peas ont laissé place au rythme syncopé de « L'Aventurier » d'Indochine. La fin de la soirée approche. Bientôt les cornemuses vont résonner et les anciens élèves de l'École reprendre en chœur « Les lacs du Connemara » qui terminait toutes les soirées sur le campus. Claire se demande pourquoi le tube de Michel

Sardou est devenue le morceau préféré des futurs cadres à la pointe de la modernité. Peut-être est-ce une chanson transitionnelle qui accompagne le passage des classes moyennes que ces jeunes diplômés quittent en laissant leurs parents derrière eux pour s'infiltrer dans un nouveau monde où ils détiendront les postes clés. On y est. Les cornemuses retentissent...

Claire a rendez-vous à onze heures. Elle va prévenir ses collaborateurs de son absence. Michel n'est pas là. Elle laisse un post-it sur son bureau. Son ordinateur est éteint. À côté de l'écran sont alignés une dizaine de crayons à papier impeccablement taillés. Les écrivains ont leurs manies. Sur le sous-main gît un tas de feuilles. Sur la première page elle lit « Le cœur en tumulte ». Ce doit être le nouveau chef-d'œuvre de Michel. Les deux autres bureaux sont également vides.

Claire trouve le DRH en nage. La chaleur est suffocante. Comme chez Nutribel les fenêtres ne s'ouvrent pas pour des raisons de sécurité, il n'y a aucun moyen de diminuer la température. « C'est un problème de chauffage, la pompe à chaleur est bloquée au maximum. Tout l'étage est touché, donc impossible de trouver une salle de réunion plus fraîche. Mais je suis sûr que l'équipe technique va intervenir rapidement. »

Claire expose les faits de la façon la plus objective possible, ainsi qu'elle l'a lu dans un article sur la placardisation.

Tout en s'épongeant le front avec un mouchoir blanc, le DRH répète qu'il la comprend. « Il arrive parfois qu'une incompatibilité de caractère et de façon d'être empêche deux personnes de travailler ensemble, c'est fréquent, je passe mes journées à gérer ce type de problème. » Claire n'ose pas lui répondre que son caractère n'est pas en cause. « C'est important d'être bien dans son travail, un salarié n'est pas efficace s'il ne s'éclate pas. » Claire acquiesce. « Le plaisir, c'est ça l'important, il faut que vous retrouviez le plaisir de travailler, Claire. » Le plaisir de travailler, elle le retrouverait si elle avait un véritable travail.

Claire sent de grosses gouttes couler dans son dos, elle ne transpire pas autant que le DRH mais l'atmosphère de sauna qui règne dans la pièce ne l'aide pas à se concentrer. Elle ne sait plus où elle en est. « Le contact est coupé avec votre n+1, ce n'est pas à moi de dire qui est coupable. Probablement qu'il n'y a pas de coupable. Vous êtes un bon élément pour Nutribel, je vous conseille de demander une mobilité interne. » Il s'éponge le front avec son mouchoir. « Je crois qu'il y a un poste qui peut vous correspondre dans la branche "Produits frais", je vous envoie le descriptif dans la journée. Vous verrez, ce petit accroc vous offre l'occasion de rebondir. Dans quelques mois vous vous rendrez compte que c'était une chance. » « Une chance! Rebondir! Et s'il se fait placardiser, il va fêter l'événement au champagne! » Claire a l'impression que le DRH cherche à minimiser les humiliations qu'elle a subies.

Elle retourne à son bureau, décontenancée par l'entretien. Le DRH est parfaitement au fait de la hiérarchie des différents postes et ne peut pas ignorer qu'elle a été affectée à un projet auquel personne ne croit, avec une équipe de « bras cassés ». Mais il ne peut remettre en cause le management de Corinne. Au moins n'a-t-il pas incriminé son travail et il lui a tout de suite proposé une mobilité. Finalement, ce n'est pas si mal. Les réflexions de Claire sont interrompues par Michel. Il est près de midi, il vient d'arriver. Un café à la main, il se lance dans une longue histoire pleine de rebondissements. « Le RER a percuté une vache, il s'est arrêté sur un pont, on a dû descendre. On a marché le long des voies tandis que la vache agonisait. Vous avez déjà entendu une vache agoniser, Claire ? » Alors qu'elle fait non de la tête, Michel imite le râle de la vache agonisante. « C'est à fendre l'âme. » Le peu de succès recueilli ne décourage pas Michel. « C'est alors que j'aperçois une femme, chaussée de Louboutin rouges. Avec ses quinze centimètres de talon, elle titubait. Je me précipite pour l'aider... » Son collaborateur conte avec une telle faconde, une telle sincérité, que Claire aurait pu en rire si la situation n'avait pas ruiné son sens de l'humour. « Écoutez, votre récit est passionnant, mais je n'ai pas le temps d'écouter la suite. Et je connais déjà la chute : vous arrivez au bureau avec deux heures de retard, non ? »

En début d'après-midi, Claire reçoit le descriptif du poste évoqué par le DRH. Chaque ligne du profil lui correspond. Love your health lui donne « une première expérience réussie de conduite de projet », elle est « méthodique » et « enthousiaste » comme l'exige la fiche. Elle confirme immédiatement son intérêt au DRH qui lui répond qu'il va évoquer sa candidature de façon informelle avec le directeur des Produits frais. Une heure plus tard, un nouveau mail informe Claire que celui-ci a eu des échos très positifs de son travail et souhaiterait la rencontrer très rapidement. Elle retrouve son entrain. La perspective de changer de poste lui redonne de l'espoir. Et tout va si vite. Un rendez-vous est fixé au lendemain après-midi. Juste le temps de préparer l'entretien.

Ce matin Claire vient au bureau avec plaisir. Elle ne fait aucune remarque quand Michel arrive, comme d'habitude, avec deux heures de retard. Dans l'attente de l'entretien, elle anticipe les questions et prépare des réponses.

Le téléphone sonne. C'est le DRH. Le poste est déjà pourvu. Le DRH bredouille, ses explications sont confuses. Claire sent qu'il ment. « Je comprends que votre poste actuel ne corresponde pas exactement à ce que vous attendiez, mais essayez de le reconsidérer, je me suis renseigné, votre manager estime ce projet stratégique. Même si le démarrage est un peu lent il ne faut rien lâcher. »

Un poste stratégique ? Claire ne sait plus quoi penser. Si le démarrage est lent, c'est parce que Corinne bloque tout. Personne n'attend rien d'elle, Claire n'est plus invitée aux réunions importantes. Comment penser que ce poste puisse être valorisant ? À peine a-t-elle reposé le combiné que les pires scénarios se dessinent dans son esprit et aboutissent à des conclusions aussi dramatiques qu'inéluctables. Sa réputation est mise à mal, elle ne trouvera plus aucun poste intéressant chez Nutribel. Et si Corinne avait ruiné son crédit auprès du directeur des Produits frais ? Claire se sent comme un animal pris au piège. Toute mobilité chez Nutribel semble compromise. La confiner dans un travail fantomatique, c'est la condamner à dépérir ou à démissionner. Cette deuxième hypothèse consistant à quitter l'entreprise qui correspond en tout à ses attentes, elle ne peut l'envisager.

L'ordinateur de Claire émet le bip signalant la réception d'un message. « Café ? » demande Coco qui, grâce à Claire, vient d'obtenir un CDD de trois mois à la direction de la com' externe. Il y a quelques mois elle n'aurait jamais pris un café avec une secrétaire de rédaction. « Ne jamais sympathiser au-dessous de sa condition », lui avait appris Corinne. Trop occupée, trop recherchée par ses alter ego, les jeunes diplômés promis à un brillant avenir, Claire était inaccessible. Mais aujourd'hui, la proposition de Coco lui fait plaisir. « Ça marche, viens dans mon bureau, je n'ai pas de café mais un très bon thé. »

« Sympa ce bureau, moi je suis dans un open space.
— Oui, c'est agréable. » Claire se demande si sa déchéance la conduira elle aussi jusqu'à l'open space. « Ton arrivée se passe bien ? — Oui, je crois que ça va me plaire, même si j'ai du mal à m'habituer à avoir des horaires. Et c'est dur de bosser dans un bureau, je préfère les cafés. Mais comme je sais que c'est que pour trois mois et qu'ensuite je serai à nouveau maître de mon emploi du temps, ça va. En plus j'emmagasine plein d'idées de scenarii. Je fais l'éponge, j'absorbe tout ce que je vois, tout ce que j'entends. Et toi,

ça va ? — C'est plutôt calme en ce moment. » Claire verse l'eau presque bouillante sur le sachet de thé. Coco semble perplexe. Elle doit être au courant. Claire se met à verser l'eau à côté de la tasse, inondant sa table de réunion reconvertie, depuis sa relégation, en desserte pour le thé. « Tu es sûre que ça va ? — Pas super. Je crois que je suis placardisée. » Claire prononce ces mots d'une traite. C'est violent, ce terme, « placardisée ». Elle aurait pu trouver un euphémisme, penser positif comme le lui a recommandé le DRH. Elle aurait pu dire : « Je suis en train de rebondir, j'ai la chance de prendre un peu de recul, je suis en pleine évolution. » Mais pourquoi continuer à faire semblant ?

« Placardisée ? Ah bon, qu'est-ce qui se passe ? — Je n'ai quasiment rien à faire, mon projet de site n'avance pas et personne n'attend plus rien de moi. — Et tu ne peux pas en profiter pour souffler un peu, faire quelque chose qui te plaît ? » Claire reste interdite. « Je ne vais quand même pas me mettre à écrire comme mon webmaster ! — Et pourquoi pas ? » Claire est dubitative. « Alors va-t'en ! — Je ne sais pas, je me sens coincée. — Il ne faut pas dire ça, tu as les bons diplômes, tu es brillante, ta sœur n'arrête pas de le répéter. Si ça ne va plus chez Nutribel, tu vas ailleurs. » Claire soupire. Coco ne comprend pas que changer de boîte si tôt serait un accroc dans son parcours jusqu'ici parfait. Inconcevable. Elle préfère bifurquer. « Parlons d'autre chose, ça me changera les idées. »

À bord de la rame s'éloignant dans un fracas de néons et de rails, Antonin fait un signe de la main à Claire. Comme chaque matin quand ils partent en même temps. Ils prennent la même ligne de métro, dans des directions opposées. Claire observe qu'Antonin est monté dans le deuxième wagon. C'est cette position qui minimise le trajet vers la sortie.

Elle fixe les chiffres lumineux sur le panneau d'affichage. Deux. Seulement deux petites minutes de répit avant la cohue. Elle s'assoit. S'affaisse. Fléchit. Sans le regard d'Antonin, plus la peine de faire semblant de tenir debout. Claire a à peine dormi trois heures cette nuit. Elle rêve de rebrousser chemin et de se glisser sous les couvertures. Elle n'a pas manqué une seule journée de travail, n'a pas eu le moindre congé maladie depuis la grippe qui l'a clouée au lit il y a trois ans. Et encore, même avec ce fichu mal de tête, elle travaillait un peu chaque jour depuis chez elle. Aujourd'hui, elle a envie de déserter, de rompre le cours des jours ordinaires, de rester sur le quai.

La rame entre dans la station. Un flot de passagers descend, fonçant vers la sortie, coudes au corps, pas pressé. Un autre flot monte. Claire pense à du bétail domestiqué. Le signal sonore, un *mi* bémol tonitruant, annonce la fermeture des portes. Les retardataires tentent un sprint. Une petite femme à tailleur mauve et seins tressauteurs se précipite, comme si prendre ce métro plutôt que le suivant, trois minutes plus tard, était une question de vie ou de mort. Claire regarde la rame s'éloigner avec à son bord la femme montée in extremis. En revanche, l'homme au blouson de cuir n'a pas réussi à grimper à temps. Il trépigne au bord du quai. Claire essaie de rassembler ses forces pour prendre la rame suivante. Elle fixe un homme équipé d'une mallette noire, visiblement très lourde, il s'approche dangereusement du bord, penché comme un arbre dans la tempête.

Et si elle n'y allait pas ? Qui s'en apercevrait ? Claire essaie de lutter contre l'envie de fuir, de rebrousser chemin et de rentrer à l'appartement. Le métro arrive. Elle n'a pas la force de se lever, comme si du plomb coulait dans ses jambes. Elle reste rivée au siège, pétrifiée. Nouvelle cohue à l'arrivée du train dans la station. L'homme à la mallette est tranquillement monté, l'air fataliste. Les portes se referment dans un claquement assourdi. Il n'a pas été assez rapide pour avoir une place assise, il tangue, chancelle, se raccroche à la barre, les yeux dans le vide, imagine la journée qui l'attend, identique à la précédente, mais il y va quand même. Où puise-t-il cette force de continuer ? se demande Claire. Une famille à nourrir, une femme à combler ?

La prochaine rame arrive dans deux minutes. Les jambes de Claire se détendent. Elle se lève et se dirige vers la sortie, cédant à la pulsion de fuite. Elle remonte l'escalier à contre-courant, tentant de se faufiler entre ces gens pressés qui la bousculent. Enfin, elle aperçoit le jour en haut des marches. Elle gravit les dernières en courant.

Comme un plongeur remonté à la surface, Claire aspire profondément l'air. Un soulagement. Son corps se détend peu à peu, comme sous l'effet d'une douche brûlante. Elle sourit de se retrouver à l'extérieur. L'air est vif. Un autre jour, elle aurait pensé « vivifiant ». Si la caresse de l'air frais ne parvient pas à faire disparaître ce désir impérieux de s'allonger, de se réfugier dans son lit, elle donne à Claire la force nécessaire pour presser le pas, parcourir le chemin à l'envers. Elle claque la porte, laisse tomber son cartable et son sac à main dans l'entrée, jette son manteau sur le canapé, et court vers la chambre comme si elle tentait d'échapper à des poursuivants. Elle tire les rideaux, écoutant le bruissement lourd de la soie. Vite, cacher cette lumière crue du soleil qui donne trop d'éclat aux choses. Claire se jette sur le lit dans l'idée de reprendre des forces pendant quelques minutes, se nichant dans le drap blanc comme sous les larges ailes protectrices d'un oiseau fabuleux.

Elle se réveille deux heures plus tard, sans aucune envie de se lever. Une angoisse la saisit. Qu'a-t-elle fait ? Elle devrait s'extirper du lit, téléphoner chez Nutribel, inventer une excuse. Elle n'en a pas la force. Elle reste allongée à regarder la poussière illuminée par les rayons du soleil passant à travers les volets entrouverts. Elle pense à la chanson « Le lundi au soleil ». Un mélange de culpabilité, d'angoisse et aussi de plaisir l'envahit. Claire n'a jamais rien fait de défendu ou d'anormal. Sauf une fois, il y a longtemps. C'était une belle journée de juin, il y a dix ans, la dernière journée de cours. Avec deux amies, elle avait séché et était allée au ciné. Pour voir *Conte d'été* d'Éric Rohmer : même ses transgressions étaient celles d'une jeune fille sage. Sécher un cours pour le cinéaste le plus intello du cinéma français ! Une désertion de bonne élève. Claire s'était sentie coupable pendant plusieurs jours. La faute bénigne lui avait gâché le début des vacances. Au bout d'une semaine, elle avait avoué à ses parents qu'elle n'était pas allée en cours le dernier jour. Ils ne s'en étaient pas beaucoup émus.

Dix ans plus tard, avec cette infraction à l'ordre salarié, Claire récidive. Elle s'étire paresseusement. Il est déjà midi. Elle ouvre les volets, un grand soleil blanchit le ciel et fait étinceler les toits. C'est un beau spectacle un peu onirique. Pourtant, elle ne ressent qu'une incommensurable solitude. La vue qui la ravissait a perdu une partie de ses couleurs. De la fenêtre, elle ne voit plus qu'un vide vertigineux.

Elle va à la cuisine, ouvre le réfrigérateur, découpe un morceau de fromage qu'elle mange avec des biscottes. Pas le courage de préparer un vrai repas. Elle nettoie les fraises, les noie sous la crème fraîche, les saupoudre de sucre. Tout lui semble sans couleur et sans goût. Pourquoi ne peut-elle profiter de cette journée buissonnière ? De la transgression, elle ne ressent que la honte. Pas une once de joie ou d'ivresse. Pourquoi ne peut-elle se réjouir de ces heures volées à l'ordre naturel des choses ? Au contraire, la tristesse monte comme une nausée. Ne rien faire l'épuise bien plus que travailler. S'avachir, dégringoler, lâcher prise, laisser courir. Elle se réfugie à nouveau sous les couvertures, immobile, les yeux fermés. Elle serre les paupières : tant qu'elle ne le voit pas, le monde n'existe plus. Comme si le jour devait ranimer ses souvenirs, ouvrant au chagrin une brèche dans laquelle s'engouffrer. Claire reste allongée, elle n'a aucune envie de bouger.

C'est la première fois qu'elle passe la journée seule dans l'appartement. Quand elle prend un jour de congé, c'est pour partir en week-end avec Antonin, dans le chalet de ses parents à Megève, en Bretagne ou dans une capitale européenne. La vie diurne de l'immeuble est un mystère dans lequel Claire s'immisce peu à peu. La voisine du dessus joue du piano. Claire reconnaît un prélude de Chopin. Tout à coup la mélodie s'arrête. Plus un murmure. Elle tend à nouveau l'oreille, un bruit de pas dans l'escalier, un craquement de chaussures neuves suivi d'un écho très atténué de sonnette. Puis le silence de temps en temps déchiré par un crissement de pneu ou la sirène d'une voiture de police. Au-dessus de sa tête, un martèlement de talons, des pas précipités, puis un bruit lourd, comme un corps tombant sur le parquet. À écouter les gémissements qui suivent, ce sont probablement deux corps qui sont tombés. De leur plein gré. Il s'en passe de belles dans cet immeuble au cours de la journée ! Et elle, depuis quand n'a-t-elle pas fait l'amour avec plaisir, et non pour éviter une discussion pénible ou par lassitude ? Claire quitte la chambre, elle ne veut pas entendre les gémissements, maintenant entrecoupés de cris. Elle se dirige vers la cuisine. Comme si elle se réveillait d'une anesthésie générale, elle marche au ralenti.

Claire prépare un thé pour tenter de venir à bout de cette irrésistible envie d'enfouir la tête dans le sable de la paresse. Une angoisse sans objet la paralyse, elle allume distraitement la télé. Des cuisiniers amateurs jugent leur hôte du jour. Un quatre sur dix pour l'ambiance du dîner, un sept sur dix pour la cuisine car « J'aime pas les asperges » tranche doctement un concurrent impitoyable. « Faut rien lâcher, je vais déchirer », promet en gros plan face à la caméra l'hôte du jour. « Le problème, c'est que ce cuisinier n'a pas d'univers », décrète le jury. Trois chaînes plus loin, la rivalité porte sur le mariage. Ça fait un drôle de mélange, ce vocabulaire romantique mêlé au lexique de la compétition, « le plus beau jour de ma vie », « on va leur en mettre plein la vue », « je lâche rien, je lâche rien », répète comme un mantra la future mariée. Claire se souvient que lorsque la première émission de ce type était arrivée à la télévision française, elle avait trouvé cette évaluation des candidats les uns par les autres d'une violence inouïe. Noter, classer, juger et éliminer le maillon faible. Elle change de chaîne. Elle en a assez de cette course à la performance. Dans quel but ? Pourquoi ne pourrait-on pas juste agir par goût du travail bien fait, sans vouloir écraser l'autre ? Jusqu'ici, elle a accepté la pression sociale, elle a joué le jeu de la compétition. S'il n'y avait pas eu cet incident, elle aurait continué sans se poser de questions à vouloir le meilleur job, le plus beau mec, le plus bel appartement. Mais est-ce vraiment son désir ? Au fond que veut-elle vraiment ? Qui est-elle vraiment ?

Claire zappe d'une chaîne à l'autre sans parvenir à suivre les images défilant sur le téléviseur. Elle essaie de se concentrer, mais au bout de quelques secondes son esprit vagabonde déjà ailleurs, loin des oies cendrées et des ethnies mayas dont les mœurs sont disséquées à l'écran. Ses pensées retournent inévitablement chez Nutribel. Elle se lève, erre dans l'appartement, croque un morceau de chocolat, feuillette un magazine. Comment penser à autre chose ? Elle jette un œil à la bibliothèque qui rassemble pêle-mêle quelques guides de voyage, des classiques rescapés des années scolaires, plusieurs romans. En haut, sur la dernière étagère, elle aperçoit un épais volume quasi neuf. Elle monte sur un fauteuil pour le saisir, c'est *Belle du Seigneur*, que sa bonne volonté culturelle lui a fait acheter après la lecture d'un article sur les cent livres les plus importants du XXe siècle. Encore un classement ! Le roman d'Albert Cohen était cité comme un chef-d'œuvre incontestable. Les préoccupations quotidiennes ont repoussé la lecture et le volume s'est finalement retrouvé sur cette dernière étagère si peu accessible. Sans savoir expliquer pourquoi, Claire a toujours senti que c'était un roman trop important pour en faire la distraction hachée du métro quotidien. Encore moins le divertissement paresseux de vacances lointaines et ensoleillées. Une lecture difficile qui nécessite du temps et de l'attention, ce dont elle dispose aujourd'hui pour la première fois depuis longtemps. Elle ne sait pas ce qu'elle va trouver entre les pages du livre, mais elle pressent quelque chose de suffisamment fort pour capturer son attention et la délivrer de Nutribel. Elle soupèse le volume trapu, observe la couverture, un beau portrait de femme, et regarde non sans appréhension le nombre de pages. Mille cent neuf.

Allongée sur le canapé, elle se plonge dans le texte. Le début est difficile, il faut vaincre la résistance des noms à retenir, des personnages à apprivoiser, de l'intrigue à nouer. Claire s'encourage à chaque paragraphe en buvant une gorgée de thé. C'est un peu comme reprendre le footing, le plus difficile c'est la mise en jambes. Peut-être la lecture produit-elle également une sorte d'adrénaline qui apporte réconfort et énergie. Au moins a-t-elle atténué son angoisse. Une fois accoutumée à cette langue si différente de celle de tous les jours, Claire se plonge dans l'histoire. L'écriture l'hypnotise comme lorsque, enfant, elle s'immergeait dans un roman, sourde aux bruits du monde et insensible à la famille qui s'agitait autour d'elle. Il avait fallu si longtemps pour retrouver cette sensation. « Si ta femme est heureuse c'est pour dix raisons dont cinq n'ont rien à voir avec l'amour. La place dans le social qu'elle te doit et le respect dont elle est entourée, ses réunions de tricotage religieux, vos amis et vos réceptions, vos commentaires et vos relations, vos enfants, les récits que tu fais de tes travaux. » Et qu'en est-il pour Antonin ? La plupart des couples n'existent que par l'image qu'ils donnent d'eux-mêmes. Que resterait-il de leur couple, une fois tombés les masques ?

En fin d'après-midi, Claire cache toutes les traces de sa journée buissonnière, comme un criminel efface ses empreintes. Elle descend la poubelle pour faire disparaître les restes du frugal déjeuner, refait le lit, range le livre tout en haut après y avoir inséré une enveloppe en guise de marque-page.

Claire n'a pas envie d'aller à cette soirée. Elle rêve d'un livre, d'un lit frais, de musique. Sortir du jeu social. Antonin insiste. Elle se fait une raison. « Ça te fera du bien de retrouver toute la bande, tu as l'air fatiguée. » Antonin ne comprendrait pas qu'elle reste à l'appartement. Aux yeux du groupe, ils sont Antonin et Claire.

Ils poussent la lourde porte en chêne. L'entrée classique d'un immeuble haussmannien avec son bel escalier recouvert d'un tapis rouge à motifs floraux, le même dans tout Paris. Au fur et à mesure de l'ascension dans les étages, la rumeur les guide. Du bourdonnement continu à peine perceptible en bas, émergent un pépiement aigu, une exclamation prononcée plus fort que le bruit de fond, puis quelques assertions confiantes.

La clameur se précise, on distingue quelques voix dans l'essaim. Dès l'entrée, une odeur de vanille et de bois précieux enveloppe Claire. Des bougies parfumées Diptyque sont alignées sur une console dans le couloir. Déco minimaliste, couleurs pures : un univers douillet et sans heurt qui sent bon le pouvoir d'achat. Comme chez Claire et Antonin.

Le couple entre dans le salon, parquet blond, moulures, cheminée, belle hauteur sous plafond, du classique auquel quatre fauteuils transparents griffés Starck apportent une touche de modernité. Les invités sont éparpillés, par grappes de quatre ou cinq, un verre à la main. Avec un sourire qui semble engloutir celui à qui il est adressé, Étienne présente les quelques invités inconnus en énumérant avec la précision d'une notice du *Who's Who* chaque ligne de leur curriculum vitae. Anna, Normale Sup-ENA, Frédéric, HEC-qui-a-créé-sa-propre-entreprise-dès-la-sortie-de-l'école, Jean-Sébastien, X-Mines-le-major-de-sa-promo.

Claire et Antonin retrouvent un groupe de copains. Appuyée contre la bibliothèque où une bonne centaine de DVD disputent la vedette aux best-sellers nordiques, Claire observe les hauts murs blancs décorés de photos tièdement consensuelles, de tendres noir et blanc signés Willy Ronis et Doisneau, un portrait aux couleurs explosives à la manière de Warhol. Sur la cheminée, d'autres photos montrent les hôtes en baigneurs au bord du lac d'Annecy, cyclistes à l'île de Ré, badauds devant le Chrysler Building dans un New York enneigé, randonneurs sur les hauteurs de Capri. Tout dit un bonheur dénué de tensions et de contradictions.

Claire se sent à moitié absente. Elle les écoute raconter leurs challenges et leurs victoires, leurs projets de voyage, « Bali en février c'était paradisiaque », « la Tanzanie cet été, tellement tendance ». On travaille beaucoup, alors quand on part on s'offre le meilleur, destinations exotiques et hôtels paradisiaques.

Sophie fait un signe de la main à Claire et l'entraîne dans la cuisine laquée gris et blanc. *Avec « Les cuisines d'exception », esthétiques et fonctionnelles, à vous de choisir votre bonheur sur mesure au cœur de votre maison!* Au milieu des emballages vides de guacamole, houmous et caviar d'aubergine, Sophie brandit sous le nez de son amie, comme on donne un coup de poing, une bague. Grosse comme un scarabée, étincelante, impériale. Elle sourit de satisfaction. « Félicitations ! — Et toi, et vous ? — Je ne sais pas, c'est peut-être encore trop tôt. » Claire bafouille, sans détacher les yeux de la bague dévorant la main de son amie. Elle force sa joie, la presse de questions, lui demande des détails. « Comment te l'a-t-il offerte ? », « Quand allez-vous vous marier ? », « Est-ce que tu t'y attendais ? ». Sophie, rayonnante, ne se fait pas prier pour répondre. Son amie partie annoncer la nouvelle à d'autres, Claire retourne au salon.

Les têtes acquiescent, les lèvres esquissent des sourires, les bouches s'ouvrent avec enthousiasme. Les discussions sont inoffensives, de celles qui consolident les amitiés. L'enjeu est d'être d'accord, de communier ensemble dans le culte du confort et de la performance. « Nous sommes entre nous, nous sommes tous dans le même bateau et nous y sommes bien » proclament leurs sourires.

Claire a rejoint Antonin qui bavarde avec Étienne et Paul devant une sérigraphie représentant Audrey Hepburn. *Ce tableau au look vintage donnera tout de suite de l'allure et de l'élégance à votre déco. Effet glamour garanti!* Sophie remplit les verres. « Et toi, Claire, tu es bien mystérieuse, quoi de neuf? — Eh bien, rien de spécial, ça avance, ça avance, je mets en place un site d'échange de bonnes pratiques chez Nutribel. » Antonin enchaîne aussitôt avec son nouveau contrat en Chine. Les autres écoutent ébahis, « quoi, un milliard et demi d'euros? c'est un sacré budget ». Claire ramasse une miette du gressin, tout est d'une propreté absolue et impeccablement rangé. Même les numéros de *GQ* et *Capital* sur la table basse en verre sont parfaitement alignés. « Nous lisons les mêmes magazines, aimons les mêmes films, vivons dans le même décor. Nous sommes des clichés ambulants », pense Claire. Des clones, de purs produits d'une usine à rêves, celui de l'ascension sociale, tous identiques, interchangeables et parfaitement adaptés au processus de production. Brusquement elle a envie de donner un coup de pied dans ce rêve. Étienne, Paul et Antonin continuent de parler boulot, tout en faisant tourner le vin dans leurs verres ballons pour en admirer la couleur. Ils l'ont appris au club Œnologie de l'École.

Claire en a assez de faire semblant. La colère contenue enfle, craquelle l'enveloppe sociale et explose. Elle a envie de taguer leurs murs blancs. « Conformistes! » dégoulinant de peinture rouge. Même dans l'insulte imaginaire, elle reste polie. Toujours dans le rang, docile. On ne met pas fin si aisément à presque trente années de « bon petit soldat ». Tandis que Claire peint en pensée des graffitis défigurant les murs de ses hôtes, Sophie s'approche d'elle. « J'ai vu que Nutribel va peut-être racheter la marque

"Biothé", as-tu des infos ? — Oh tu sais, moi, depuis que je suis au placard. — Quoi ? » Claire répète plus fort en sur-articulant : « Au pla-card ! — J'ai eu un très bon contact avec le senior partner de la So... » Antonin tressaille, il tousse, manquant de s'étouffer. Claire hausse la voix : « Au rebut, quoi ! Je n'ai plus de dossier, mes collègues détournent le regard quand ils me croisent dans les couloirs, je déjeune toute seule, même mon bureau a rétréci. Bref : l'échec, la loose, le naufrage. »

Antonin pose si fort son verre de vin que quelques gouttes s'échappent et viennent s'écraser sur le parquet. Ses lèvres s'entrouvrent et dessinent un rond incongru. Des paroles naissent sur ses lèvres, comme des ombres à peine perceptibles. « Je n'ai plus rien à faire, je passe mes journées à lire. Des romans ou de la poésie. Et mercredi je n'y suis pas allée, j'ai séché, je suis restée dans mon lit. Je me suis rendormie, j'ai lu, j'ai regardé par la fenêtre. Et personne ne s'en est aperçu. J'ai découvert la paresse. C'est pas mal, vous devriez essayer ! »

Et elle les regarde dans les yeux tour à tour. Eux détournent leurs regards. Ils trempent nerveusement leurs gressins dans la crème à la truffe noire, grignotent un morceau d'artichaut mariné dans de l'huile d'olive de Sicile. Antonin agrippe le bras de Claire : « Tu as peut-être trop bu. — In vino veritas. » Claire avale le liquide restant dans son verre à cocktail. « Vous reprendrez bien une petite dose de vérité ? Ah non, peut-être pas, vous préférez vous boucher les oreilles ! Parce que vous pensez que ça ne peut pas vous arriver, à vous ? C'est ce que je croyais moi aussi.

Que Nutribel ne me ferait jamais de mal, qu'elle serait mon cocon, mon tremplin. Tu parles ! Elle s'en fout, l'entreprise, qu'on passe nos journées et nos soirées à s'abîmer les yeux sur des bilans financiers ou des plans stratégiques. Nous ou d'autres, c'est pareil. » Sophie se lève brusquement, augmente le son des enceintes reliées au MacBook Pro et crie : « Hey, on oublie tout et on danse ! », bien décidée à ne pas laisser Claire gâcher sa soirée, d'autant qu'elle s'apprête à annoncer à tout le monde qu'Étienne et elle vont se marier en juillet l'an prochain. Étienne se lève à son tour, la rejoint, la prend par la main pour la guider au rythme lancinant de « Running up that hill ». « It doesn't hurt me. You wanna feel how it feels ? You wanna know, know that it doesn't hurt me ? » Placebo emplit la pièce. Lucie pose sur Claire un regard gêné et hésitant. Gabriel, les yeux fixés sur elle, l'entraîne dans une gesticulation suggestive. Les corps se frottent, chacun cherche le geste le plus glamour, celui qui refléterait le mieux l'idée qu'il se fait du bonheur. Antonin lance à Claire comme si rien n'avait eu lieu : « Tu viens danser. » Claire a envie de s'enfuir, de balancer à terre la tête du bouddha rapporté de Birmanie dont l'air placide semble la narguer. Antonin lui attrape si fermement le bras qu'elle le suit dans une parodie de danse sensuelle. Chacun tient son rôle, reprend sa place, les chansons s'enchaînent. La musique et la danse couvrent le malaise, les gestes font taire les mots, les regards évitent Claire. Il lui semble que, d'un commun accord, dans une unanimité qui lui fait horreur, tous tentent de contenir, dissiper, étrangler sa colère. Antonin maintient

Claire fermement contre lui « ça va aller, il faut que tu te calmes ». La tête posée contre son épaule, elle serre les dents pour ne pas pleurer.

Claire sait qu'elle vient de signer son arrêté d'expulsion, qu'elle vient elle-même de s'exclure du cercle des happy few. Parce que ça ne se fait pas. On n'a pas le droit de montrer le moindre signe de tristesse, de colère ou d'indignation. Ou alors il faut une bonne excuse comme la mort d'un parent ou un terrible accident, et là le groupe compatit, entoure, communie... à condition que ça ne dure pas trop longtemps. Très vite, il faut se reprendre, rebondir, ne pas se laisser aller. C'est ce qui est arrivé à Alexandre, qui a mis trop de temps à se remettre d'un chagrin d'amour. « Ça fait six mois maintenant, c'est pas normal, il se complaît vraiment dans son malheur, c'est quand même pas la fin du monde », a décrété le groupe. Qui pouvait décider de ce qui était normal ou pas en termes de douleur ? Exclu pour avoir introduit la possibilité du chagrin dans leur petit groupe si heureux. « Exclu », Claire exagère, le mot est trop violent, trop explicite. Dans la réalité ça ne s'est pas passé comme ça. Les coups de fil se sont espacés, de plus en plus souvent on a oublié d'inviter Alexandre, et un jour il est complètement sorti de leur champ de vision. Claire a suivi le groupe, la douce chaleur du groupe, elle y pense de temps en temps et n'en est pas fière.

La tension retombe. Des danseurs regagnent le canapé ou s'appuient à la double porte vitrée du salon pour discuter, plaisanter, engloutir encore de l'alcool et noyer les mots de Claire dans le Jack Daniel's. Sur Depeche Mode,

Claire se dégage de l'étreinte d'Antonin, attrape son sac et son manteau entreposés dans la chambre d'amis. Elle s'enfuit. Elle dévale l'escalier, manque de tomber et se raccroche in extremis à la rampe.

Où aller ? Elle marche sur la chaussée luisante, monte dans un taxi boulevard Saint-Germain. La pluie dessine des motifs éphémères sur la vitre. Les néons miroitent sur le bitume mouillé. Rouge d'un tabac, bleu d'un restaurant, jaune d'un bar, les couleurs se dissolvent dans un halo tremblant. Sous l'auréole jaune, luisante, d'un réverbère, des fumeurs stationnent par groupe de deux ou trois, s'abritant sous un auvent. Devant la fontaine Saint-Michel, une foule dense brave la pluie, faisant cercle autour d'un jongleur que Claire devine, au-dessous des balles colorées qui s'élancent dans le ciel. Elle imagine les conversations après son départ. « Cette pauvre Claire, c'est dingue, qui aurait dit que ça lui arriverait à elle ? — Très très dur de se relever d'un faux pas. Les cinq premières années de carrière c'est là que tout se joue, si tu démarres mal, c'est compliqué, rien n'est jamais perdu bien sûr, mais c'est très dur de se relever. — Quand même, elle devrait prendre sur elle. Elle se laisse aller, là. — Et tu as vu le pauvre Antonin ? Comme il était mal à l'aise pendant sa diatribe ! — Moi je pense que ceux qui se plantent ne peuvent s'en prendre qu'à eux-mêmes. Il n'y a pas de fumée sans feu, elle a bien dû faire une erreur quelque part. » Eux sont du côté des gagnants, des heureux, des vainqueurs, de tous ceux qui se croient immortels puisqu'ils sortent d'une École top-cinq, ont bien « performé » cette année et vont faire exploser leur bonus. Ils ne savent pas ce qu'est l'échec. Ou si ça leur est arrivé, ils ont tout fait pour l'oublier, l'ensevelir sous des mots : « une expérience profitable », « j'ai beaucoup appris », « ce défi m'a renforcé ».

En passant la porte du « Royal », un café quelconque, sans personnalité propre, comme les rues de Paris en abritent des centaines, Claire ressent un soulagement comparable au bien-être éprouvé en ôtant un vêtement trop serré. La pénombre donne à la pièce une atmosphère d'intimité protectrice. Claire commande un grog, presse avec la cuillère les rondelles de citron jusqu'à en extraire la dernière goutte. Elle se détend peu à peu, se lovant dans le bruissement des conversations. L'envie de pleurer, de hurler, de tout casser s'envole.

Il va falloir rentrer et se préparer à affronter la fureur d'Antonin. Il va l'accuser de s'être donnée en spectacle, et il aura raison. Claire a rompu le contrat passé entre eux, écorné la belle image de leur couple. C'est impardonnable.

Elle ouvre la porte. Antonin est assis dans un fauteuil, un verre à la main. Il lui lance un regard dilaté et vide. « Où étais-tu ? Tu es devenue folle ? Pourquoi as-tu déballé ça devant tout le monde ? — Excuse-moi. — Il faut arrêter ce délire. — Ce n'est pas un délire, je n'avais jamais eu l'impression d'approcher la vérité comme tout à l'heure. » Claire est consciente que l'emphase qu'elle a mise dans ses mots, sa colère qui explose et s'étale aux yeux de tous a quelque chose d'excessif, mais cet excès même lui semble à ce moment-là plus vrai que l'image lisse qui était la sienne jusqu'à ce soir. « Mais pourquoi tu ne m'en as pas parlé plus tôt au lieu d'exposer ça devant tout le monde ? De quoi on va avoir l'air ? Je croyais qu'on formait une équipe ? — Finalement, ce qui t'inquiète, c'est ton image ou ce qui m'est arrivé ? — Tu es devenue complètement parano ! »

Claire éclate en sanglots. « On va trouver une solution, si ça ne va plus chez Nutribel, tu peux trouver un très beau poste ailleurs, tu as un CV formidable. Ce n'est certainement pas la peine d'en faire un drame. » Claire soupire, la colère l'a épuisée. Recommencer, se faire une place dans une autre entreprise est une tâche qui lui semble, ce soir, impossible. Elle se tait. « Tu n'as pas fait d'erreur au moins ? Chez Nutribel tu n'as jamais fait de scène comme ce soir ? — Non, je n'ai rien fait, je ne comprends rien, je ne comprends rien. — Alors, il ne faut pas te mettre dans cette position de victime, ne te laisse pas aller comme ça. Tu dois aller de l'avant et rebondir, reprends-toi. Il faut dormir maintenant, j'ai eu une semaine difficile, il faut que je récupère ce week-end, on en parlera demain. »

« Aller de l'avant et rebondir ! » Cet optimisme qui nie sa souffrance décuple la colère de Claire. Faire comme si rien ne s'était passé, si cette injustice n'avait pas eu lieu, continuer de se conformer aux attentes de l'entreprise en espérant faire partie des élus... Elle a joué le jeu, elle a cru être à l'abri des coups du sort, et elle s'est retrouvée à la merci du bon vouloir de son manager. La déception est à la hauteur des espérances qu'elle avait placées dans Nutribel. Alors méthodiquement, Claire attrape un des longs vases blancs au design si pur rapportés d'un week-end à Stockholm. *Fondée en 2005, la jeune marque suédoise Zen'Nordik représente la nouvelle vague du design scandinave et revisite avec modernité les éléments inspirés de la nature afin d'apporter sérénité et harmonie à votre intérieur.* Elle le laisse tomber sur le parquet. Puis un autre. Elle va s'emparer d'un cadre quand Antonin lui retient la main. « Arrête. Il faut que tu te reposes. On en reparlera demain. » Claire se débat. Antonin la gifle. Surprise par la violence du geste, Claire suffoque. Appuyée contre le buffet au design vintage années cinquante, elle glisse à terre. « Je suis désolé, pardonne-moi, je suis épuisé moi aussi. » Repoussant les morceaux de verre brisé, Antonin s'assoit par terre, à côté d'elle, et la prend dans ses bras.

La porte claque. Claire s'enferme dans la salle de bains. Elle ouvre la douche, tourne le robinet à fond. Elle reste immobile sous la pluie brûlante. L'eau l'apaise, s'infiltre dans son crâne, inonde son cerveau et le débarrasse de cet enchevêtrement d'images et de mots.

Les participants à la réunion d'équipe mensuelle pianotent sur leur smartphone ou relisent leurs dossiers dans l'attente de Corinne. Quand Claire entre dans la pièce, outre la place de sa chef, seule une chaise demeure, au fond, exposée au souffle glacé de la climatisation. Le silence est épais comme la chantilly de la cantine. Claire s'installe, personne ne lève la tête pour la saluer. Elle se sent transparente, comme si une glace sans tain la séparait des autres. Elle essaie de régler la clim, en vain.

Corinne arrive, sans s'excuser pour le retard, elle est chef, elle a le droit de faire attendre. Elle commence par ses points d'actualité. Revue de presse, objectifs pour le trimestre, séminaires en cours. Le magazine de communication interne consacre une double page à la campagne Love your health. Corinne félicite Mathilde d'avoir fourni les éléments de langage dans des délais aussi brefs. Elle ne fait aucune allusion à Claire qui a mis le projet en place. Mathilde lui lance un regard compatissant. Elle est sincèrement désolée. Mais elle n'ose rien dire. Elle vient d'arriver chez Nutribel, c'est une très belle opportunité, elle savoure sa chance. Les autres ne marquent aucun mouvement de surprise devant le camouflet. Claire accuse le choc. Dans la copie de l'article distribué par Corinne, elle cherche une mention de son nom. Rien. C'est plus qu'une quarantaine, c'est une élimination.

La clim souffle un air glacial dans la nuque de Claire, un frisson parcourt sa colonne vertébrale. Une sueur froide ruisselle dans son dos et le long de ses côtes. Sa poitrine se serre, sa respiration s'accélère. Elle a peur de faire un malaise. Mathilde prend la parole et expose le projet. « Communication, participation, réflexion », les mots se répètent en boucle dans la tête de Claire. Ion, ion, ion, une suite de sons dépourvue de sens, comme une conversation dans une langue qu'elle ne maîtrise pas. Elle essaie de se reprendre, appliquant une technique de respiration apprise dans un cours de yoga qu'elle a fréquenté quelques mois avec Juliette. Elle laisse son ventre se gonfler d'air, lentement, comme une baudruche, puis elle expire tout aussi calmement. Elle recommence plusieurs fois. Tous les autres écoutent attentivement les paroles de Mathilde, hochant la tête à chaque mot-clé. Claire n'entend plus sa voix, elle lui semble très loin, à peine un murmure indistinct. Elle fixe son regard sur la pendule, qui se met à tournoyer. Elle tourbillonne autour d'elle, les murs s'inclinent, la pièce tout entière vacille. « Cette conviction que l'alimentation joue un rôle primordial dans le bien-être nous anime tous quotidiennement et nous... » Claire n'attend pas la fin de la phrase. « Excusez-moi. » Elle se précipite vers la porte, en titubant. De l'air! Elle se dirige vers la sortie en s'appuyant sur le mur gris. Sa vue se brouille, les murs, le sol, les portes se confondent, dans un dégradé de gris, comme un ciel tourmenté à la Turner. Elle a l'impression d'être en train de mourir, ses jambes deviennent cotonneuses, son corps la lâche. Elle s'agrippe au mur. Lutte contre le gris qui lui saute au visage. Tombe. La joue sur la moquette rêche, le gris l'enveloppe et tourne autour d'elle. Puis un voile noir lui recouvre les yeux. Plus rien.

De très loin, une voix calme et douce dit « tout va bien, réveillez-vous ». Une silhouette est penchée au-dessus de Claire. Elle ouvre les yeux, elle ignore où elle est. Elle sent juste qu'elle est allongée sur un lit. « Vous êtes à l'infirmerie, vous avez fait un malaise, vous m'entendez? » Elle répond et tente de se redresser. Elle tremble de tout son corps. L'infirmière lui donne un morceau de sucre. « Ce doit être une crise d'angoisse. Je vais prendre votre pouls. » Elle pose sa main sur le poignet de Claire qui fond en larmes et se met à trembler. Son corps ne lui obéit plus. Elle a envie de partir, de prendre un taxi et de se réfugier chez elle. L'infirmière lui pose des questions doucement, lui demande si elle a des problèmes au travail, si elle vit seule, si elle pleure souvent, si elle a des idées noires. Claire répond « non » à chaque question pour être autorisée à s'en aller au plus vite. L'infirmière lui tend deux comprimés marron, « c'est à base de plantes, nous ne pouvons rien prescrire de plus fort en l'absence du médecin ». Claire avale le remède qui laisse un goût amer dans sa bouche. Elle voudrait partir.

Devant les réticences de l'infirmière, elle promet de voir immédiatement son médecin, d'appeler son conjoint et de ne pas rester seule. L'infirmière lui demande le nom du médecin. Claire l'a à peine vu deux fois, elle fait un effort pour se souvenir. Le nom réapparaît, elle rit nerveusement, « excusez-moi, c'est le choc qui m'a fait perdre la mémoire ». L'infirmière téléphone au cabinet du docteur Maillol qui accepte de la recevoir entre deux patients. Elle appelle un taxi. « Dix minutes d'attente ! » Claire pense qu'elle ne tiendra jamais jusque-là. Le tremblement reprend de plus belle. Impossible de le maîtriser. Claire perd le contrôle. Elle est en morceaux. Son corps insoumis et sourd à toute injonction ressemble à un navire au gouvernail cassé, impossible à diriger. Ses jambes flageolent tellement que l'infirmière l'aide à descendre du lit et à rassembler ses affaires pour regagner le taxi. « Donnez-moi de vos nouvelles ! » Cette sollicitude donne à Claire envie de pleurer. Pour un peu, elle aurait tout avoué sur-le-champ. Elle étouffe ses larmes. « Ce n'est rien, ne vous inquiétez pas pour moi. Voilà le taxi. » Elle s'y engouffre et claque la porte.

Le chauffeur a des yeux ronds et noirs. La calvitie l'a débarrassé d'une bonne partie de ses cheveux. Il jette des coups d'œil dans le rétroviseur. « Que vous arrive-t-il ? — Je ne sais pas, la fatigue probablement. Trop de travail. » Elle espère qu'il ne va pas faire la conversation pendant tout le trajet. « Ah ces jeunes, soit ils travaillent à s'en rendre malades, soit ils ne fichent rien. Mon fils, c'est l'inverse, toute la journée devant la télé à s'empiffrer de chips bolo. Tenez, écoutez ça, c'est une sonate pour violon et piano, du Mozart, c'est ce qu'il vous faut. » Claire le remercie. Elle n'est pas d'humeur à apprécier de la musique mais cela la dispense de parler. Contre toute attente, Mozart l'apaise, le tremblement s'atténue, elle retrouve forme humaine. « Bon courage. » Le chauffeur de taxi la dépose devant le cabinet médical.

Claire s'affale sur le canapé de la salle d'attente. Les rares fois où elle va chez le médecin, elle préfère les sièges durs au moelleux du sofa trop usé qui engloutit ceux qui s'y assoient. Aujourd'hui elle n'a plus la force de se tenir droite sur une chaise, elle choisit l'avachissement. Le docteur Maillol raccompagne à la porte un patient en proie à un gros rhume et vient vers elle. « Mademoiselle Vermont ? » Claire le suit dans la petite pièce blanche décorée de photos de bateaux. « Que vous arrive-t-il ? — Un malaise. » Il l'ausculte, tout est normal. « Vous êtes angoissée, ces temps-ci ? — Je dors mal. — Des idées noires ? » Mais pourquoi posent-ils tous les mêmes questions ? Le médecin comme l'infirmière semblent dérouler un questionnaire type. Claire a envie de lui répondre. « D'accord, je suis déprimée, j'avoue, finissons-en. » Elle se contente de répondre consciencieusement aux questions, comme si c'était un QCM.

Elle a dû réussir le test puisque le médecin lui prescrit un antidépresseur assorti d'un anxiolytique. Sans lui demander son avis, il lui signe un arrêt de travail de deux semaines. Claire cherche de la désapprobation dans le regard du médecin, elle n'y lit que de l'indifférence. Pour un médecin du centre de Paris, prescrire des psychotropes aux cadres stressés est une habitude.

Elle se traîne jusqu'à la pharmacie. « Vous allez voir, ça va vous remettre d'aplomb. » Les larmes montent, pressent derrière les pupilles. Pourquoi a-t-elle envie de pleurer dès que quelqu'un fait preuve d'empathie à son égard ? Elle rentre chez elle, cache les médicaments dans un tiroir de vêtements en les enfouissant sous des collants et se recroqueville dans le lit. Immobile. Tout mouvement lui semble trop difficile. Même un geste simple et agréable comme la préparation d'une tasse de thé.

« Qu'est-ce que tu fais là ? » Claire met quelques secondes avant de se rendre compte que ces paroles ne sont pas dans son rêve. Elle vient de se réveiller et Antonin est devant elle, incrédule. « Qu'est-ce que tu fais couchée à cette heure-ci ? — J'ai eu un malaise, je suis rentrée. » Claire se redresse et s'appuie sur l'oreiller. « Je n'aime vraiment pas te voir comme ça, il ne faut pas te laisser aller. Prends quelques jours de congé. — J'ai deux semaines de congé maladie. » Antonin a l'air consterné. « Deux semaines ! » Claire sait qu'il est très sévère envers les salariés en arrêt-maladie mais elle s'attendait tout de même à un peu de compréhension. « Je pars demain chez mes parents. Pour me reposer, c'est mieux d'être à la campagne. »

Claire a prononcé cette phrase sans l'avoir pensée, sans savoir pourquoi elle fuit : parce qu'elle est en colère contre Antonin, son incapacité à la consoler, la gifle de samedi soir ou parce qu'elle ne se sent plus à la hauteur. « Ok, c'est peut-être mieux comme ça. » Antonin ne sait que dire ni que faire, il tourne nerveusement ses mains l'une dans l'autre.

Derrière les vitres, les fils télégraphiques tendus de poteau en poteau dessinent des portées musicales ondulantes. Claire refait le chemin à reculons. En quatre heures de train, elle retourne dix ans en arrière, laissant au loin Paris, sa vie d'adulte et Nutribel.

La campagne l'emporte sur les vestiges urbains. Elle plonge son regard dans les champs marron, verts et jaunes, dont la monotonie est rompue çà et là par un château fortifié, des éoliennes ou un viaduc. À mesure que le train avance, les paysages, les couleurs et les noms deviennent plus familiers. Les champs font place aux coteaux striés de ceps, le gris de la pierre à ce blanc presque aveuglant et qui tranche avec le bleu du ciel. Libourne, Cenon, Bordeaux, et l'espace abolit le temps. Le TGV ralentit à l'approche du pont Eiffel, imposante construction de fer qui enjambe la Garonne. À chaque voyage, Claire ne peut s'empêcher de frissonner pendant les quelques secondes que dure la traversée. Comme si le fragile trait d'union entre ces deux mondes, celui des origines et celui de l'âge adulte, pouvait s'effondrer à tout moment et précipiter le TGV dans les eaux boueuses de la Garonne. Deux mondes si radicalement étrangers qu'il lui est difficilement concevable qu'un ouvrage de fer, fût-il construit par l'architecte le plus célèbre de France, puisse les faire tenir durablement ensemble.

Claire fait quelques pas sur le quai pour venir à bout de l'engourdissement suscité par l'immobilité. Son corps et son esprit sont comme froissés. Elle flotte. Ce retour a le goût amer de l'échec.

Dans le train express régional, Claire se demande si elle a eu raison de s'acharner à pénétrer une terre si étrangère à celle dont elle vient. Elle aurait pu rester ici, passer le concours de professeur des écoles, s'installer dans le logement de fonction donnant sur la cour d'une école bordée de platanes. Lors d'une réunion pédagogique, elle aurait rencontré un collègue passionné de nature et de livres, un garçon sympa. Il l'aurait invité à dîner et tout se serait enchaîné : Arcachon le week-end, l'été dans le Lubron, deux enfants élevés au grand air. Elle aurait pu s'engager au conseil municipal, devenir un membre actif de la communauté agenaise. Aurait-elle été moins heureuse ? Non, elle aurait été différente. Une autre version d'elle-même.

Les parents de Claire l'attendent sur le quai. Ils l'embrassent et attrapent sa valise. Ils sont inquiets. Claire ne leur a pas dit les véritables raisons de cette semaine de congé impromptue. Officiellement, elle a une anémie et doit se reposer. Rien de grave. Juste le contrecoup d'une vie trop active. La rançon du succès en quelque sorte. « Je suis sûre que tu travailles trop. — Ce n'est rien, j'étais sur un projet très prenant ces derniers temps. » Claire aurait voulu leur dire qu'elle ne fait rien depuis des mois, que le vide est encore plus épuisant que l'urgence, qu'elle échangerait volontiers son rythme tranquille contre le surmenage du cadre indispensable. Mais comment sa mère pourrait-elle comprendre que son entreprise la paie à ne rien faire et que c'est le pire désaveu ? Comment son père pourrait-il entrevoir la violence d'une situation que des millions de chômeurs envieraient ? Une fois de plus, Claire choisit de ne rien dire. Elle fait semblant et puise jusqu'au plus profond d'elle-même pour paraître gaie et insouciante comme doit l'être une enfant qui a réussi et qui revient au pays.

Le père de Claire s'installe au volant, sa mère à côté et Claire monte à l'arrière. Elle a l'impression de remonter le temps. Elle n'est plus une femme active autonome, elle redevient l'enfant de ses parents. C'est à la fois un répit agréable et une régression. Par la fenêtre, elle contemple les façades des maisons blanches que le soleil rend plus aveuglantes encore. La torpeur du dimanche matin maintient les habitants chez eux. Elle pense au bruit de la capitale. C'est étrange de passer en quelques heures d'un extrême à l'autre.

Les parents de Claire ont conservé sa chambre intacte. Le papier peint bleu ciel, les meubles blancs, la bibliothèque remplie de *Club des Cinq* et de *Six Compagnons*. Elle retire de sa valise les livres achetés avant le départ dans une vraie librairie où l'on prend le temps de feuilleter, de choisir. Pour l'instant elle a surtout envie de se jeter sur l'édredon fleuri et de dormir. Toute volonté l'a désertée.

« À table ! » Claire inspire profondément, il va falloir jouer l'enthousiasme pour ne pas inquiéter davantage ses parents. « On va te requinquer. » Sa mère a préparé des champignons à la grecque qui sentent bon la coriandre. « Et devine ce que je t'ai fait ensuite ? » Claire n'a aucun mal à deviner, sa mère a dû lui cuisiner son plat préféré, comme chaque fois qu'elle revient. Des cannellonis avec une sauce tomate maison et du gruyère râpé bien gratiné. « On a eu beaucoup de tomates l'été dernier, j'ai battu le record de bocaux : quarante et un ! » Autour de la table habillée de la fameuse toile cirée si pratique, une nappe bleue parsemée de tournesols, les parents de Claire lui racontent les dernières nouvelles de la petite ville. Tout le voisinage est passé en revue. « Le fils de la voisine vient d'avoir un enfant, tu te rends compte, il n'a même pas dix-huit ans, ils sont inconscients, ils n'ont aucune situation. Le vieux boulanger est mort, tu t'en souviens, il te donnait toujours une barre de chocolat en plus pour manger avec ta chocolatine. » Claire opine, feignant de s'intéresser à la conversation, mais aucune phrase n'atteint son cerveau. Sur pilote automatique, elle porte la fourchette à sa bouche, remplit son verre d'eau, répond à ses parents, mais tous ces gestes restent à l'extérieur d'elle-même. Son esprit est à Paris, enfermé à double tour chez Nutribel. « Ah, et j'ai croisé le maire la semaine dernière, il m'a demandé de tes nouvelles. Chaque fois que je le vois, il me reparle de tes notes au bac. “On n’avait jamais vu ça”, il me le dit à chaque fois. » Le succès de Claire qui avait décroché la meilleure moyenne de l’Académie lui avait valu un article dans *Sud-Ouest*. « Voilà où ça m’a menée », pense Claire silencieusement. « Tu pourrais aller voir tes anciennes copines, ça te ferait du bien. » Claire n’a aucune envie de voir qui que ce soit, elle voudrait juste dormir. « Maman, cela fait des années que je les ai perdues de vue. »

Ses amies du collège ou du lycée sont restées à Agen ou dans les environs. La plupart d’entre elles ne travaillent pas. Les autres sont aides-soignantes, auxiliaires de vie ou caissières. Delphine a épousé un pharmacien et élève ses enfants. Elles ont toutes plusieurs crédits sur le dos, un appartement trop petit, des enfants qui grandissent trop vite, des rêves de voyage sur des plages lointaines qui demeureront des rêves. Trop occupée à construire sa vie parisienne, Claire a laissé les liens de distendre. Sa mère insiste. « Quand je croise Delphine à la pharmacie, elle me demande toujours de tes nouvelles. — D’accord, d’accord. »

Claire est allongée sur un transat dans le jardin. Elle ouvre les yeux, réveillée par le pépiement des oiseaux dans le tilleul. L’air chaud enveloppe son corps d’une douceur réconfortante, le ciel est bleu, les rosiers embaument. Pendant quelques secondes, dans un demi-sommeil oublieux, Claire se sent bien. Son corps est léger, pacifié. Brutalement, la mémoire lui revient : la disgrâce, Corinne, la soirée chez Sophie et Étienne. Son cœur se serre. Le chat Gribouille vient réclamer quelques caresses. Il se frotte contre ses jambes. C’est un chat roux et blanc que ses parents ont trouvé à la SPA d'Agen. Il n'était pas sevré et Claire l'a nourri au biberon. Elle le soulève et le prend dans ses bras. Gribouille ronronne. Elle pourrait avoir un chat à Paris. Puis elle pense à Antonin qui se méfie des personnes vivant seules avec un animal de compagnie. La vieille fille au chat, ce doit être pour lui le comble de l'échec social. Elle se demande si son couple va survivre à tout ça. Vivre à deux suppose de contrôler en permanence son image, c'est épuisant. Un SMS d'Antonin interrompt ses réflexions. Il prend de ses nouvelles et lui conseille de se reposer et de ne pas s'inquiéter pour la suite.

Claire passe sept jours retranchée chez ses parents à dormir, lire et manger. Ses parents s'inquiètent de la voir si épuisée. Elle les tranquillise : sa fatigue est un symptôme normal de l'anémie. « Enfin, moi, je suis persuadé que tu travailles trop, il faut quand même profiter. » Cette retraite convient bien à son désarroi. Retraite. Comme une armée vaincue bat en retraite. Claire a cessé de combattre et se replie sur ses positions. Ici, elle se sent à l'abri, protégée. Tout ce qu'elle a voulu fuir en partant à Paris la rassure aujourd'hui : la vie qui se répète chaque jour à l'identique, le poulet du dimanche, le hachis parmentier du lendemain pour accommoder les restes, le calendrier des postes décoré de chatons punaisé dans la cuisine, la douce chaleur de la maison, et toutes ces bonnes raisons pour ne pas changer, ne pas voyager, ne pas élargir le périmètre de son monde. Où va-t-elle trouver la force de repartir ? Revenir à Paris et reprendre un travail lui semblent une tâche insurmontable.

« Surprise ! » Juliette vient d'arriver. « Je t'emmène pour quelques jours au Cap Ferret. » « Oh non », pense Claire qui n'a plus la force de supporter la bonne humeur désarmante de sa sœur alors qu'elle ne rêve que de sommeil et de silence. « J'ai un super plan. » Elle écoute à peine l'origine du plan en question. Elle finit par accepter, elles partiront après le déjeuner. « Ce sera plus amusant pour vous que de rester ici et il faut profiter du beau temps, il y a deux semaines on avait encore nos manteaux d'hiver. »

Bercée par le ronronnement du moteur, Claire s'endort. Quand elle se réveille, la voiture est garée devant une maisonnette de bois entourée d'un petit jardin. Les deux sœurs ouvrent les volets et préparent un thé. Juliette est au courant, Claire le devine immédiatement. Coco a dû lui raconter.

Jusqu'à présent, aux yeux de sa sœur, Claire incarnait le bon sens, la raison, la stabilité. C'était gratifiant pour elle d'aider Juliette en lui apprenant à « se vendre » auprès des producteurs et des financeurs et en proposant des jobs à ses amies. Et ça a plutôt bien marché. Grâce à ses conseils, Juliette a obtenu une subvention généreuse du conseil général du Lot-et-Garonne pour un projet d'atelier avec des personnes âgées intitulé « Lieux de mémoires ». Claire aide également sa sœur financièrement : « C'est le Marché qui finance la Création. » Et voilà que la Création vole au secours du Marché. Pour Claire, c'est difficile à accepter.

« Coco m'a raconté que ça ne se passait pas très bien avec ta chef. » Juliette a beaucoup réfléchi avant de trouver cet euphémisme. Elle sait que Claire n'aurait pas supporté des termes trop crus comme « placard », « mise sur la touche », « problème ». Claire hésite. Après une longue inspiration pour chercher le mot loin en elle avant de le ramener à la surface de ses lèvres, elle murmure : « Oui. » Le mur qu'elle a construit autour d'elle s'effrite. Se confier à Juliette lui apparaît comme une évidence. La seule qui puisse la comprendre sans la juger. Pourquoi ne l'a-t-elle pas fait plus tôt ? « Juliette, je ne sais pas quoi faire. Corinne ne peut plus me voir, elle m'a donné un emploi fictif. — Et qu'en pense Antonin ? — Il minimise le problème. En fait, j'ai préféré ne pas trop lui en parler. Il l'a découvert récemment quand j'ai un peu disjoncté chez des amis, j'étais épuisée, j'ai tout dit. » Claire tourne frénétiquement sa cuillère dans sa tasse. « Il l'a appris comme ça ? Tu ne lui en avais pas parlé ? Putain c'est dingue. Tu ne peux pas descendre de ton piédestal de la fille toujours parfaite à qui tout réussit ? » Claire a les larmes aux yeux. « Excuse-moi, je ne voulais pas dire ça. Ce que je veux dire, c'est que l'amour doit pouvoir supporter la faiblesse de l'autre, surtout quand elle est momentanée, tu vas t'en sortir, c'est évident. C'est peut-être l'occasion de démarrer quelque chose de nouveau. » Heureusement Juliette n'a pas employé le mot « rebondir ». « Depuis que je suis partie, Antonin m'a envoyé beaucoup de messages, il est plus attentionné. — Tu vois, tout n'est pas négatif. — Écoute, on en reparlera demain, c'est tout pour aujourd'hui, allons à la plage. »

Malgré le somnifère, Claire est réveillée à six heures du matin. Le sommeil médicamenteux la laisse dans cet entre-deux nauséeux, à mi-chemin entre la veille et l'endormissement. Elle s'étire, se frotte les yeux. Elle sait qu'elle ne pourra pas se rendormir. Elle ouvre les volets. La lumière crue blesse ses yeux fatigués. Elle s'habille lentement et descend à la plage.

Au loin, la mer si attirante. Pas un chat. Les volets des maisons sont encore clos. Claire s'assoit sur le sable. La marée est basse. Il faut marcher longtemps pour avoir suffisamment d'eau pour nager. Elle enchaîne quelques mouvements de brasse. La fraîcheur de l'eau dissout sa torpeur. Elle nage les yeux braqués sur l'horizon, aveuglée par le soleil qui se lève. Dans l'eau, son corps ne pèse rien. Elle se sent légère, comme si le fardeau qu'elle portait sur ses épaules venait de lui être enlevé. Son corps a changé, plus maigre, plus sec. Bercée par le mouvement, elle dérive, s'abandonnant à l'eau, à la lumière, au ciel. L'océan la libère des tensions accumulées. Elle ne ressent plus aucune souffrance, elle a tout oublié. Elle n'est qu'un corps qui glisse.

Une irrésistible envie de dormir, de céder à la fatigue et à la mer envahit Claire. L'eau salée emplit ses narines, cogne ses tympans. Elle descend doucement vers le fond. Elle devient eau. Elle avale une gorgée d'eau salée qui fonctionne comme un électrochoc. Elle doit se ressaisir. La panique l'étreint, elle perd la coordination de ses mouvements. Claire se sent couler, avalée par la mer. Elle se retourne, fixe des yeux le rivage et, au loin, une petite maison aux hortensias bleus. Elle tend son corps et se mobilise. Compte à haute voix les mouvements. Retrouve un rythme régulier. Le rivage n'est plus qu'à une dizaine de mètres. Encore un effort. Elle a pied. Étonnée d'être encore en vie, elle gagne le sable en titubant et s'effondre. Elle est vivante et entière.

Elle l'a décidé, elle va quitter Nutribel, c'est une question de survie. Prendre le temps de réfléchir à ce qu'elle veut vraiment faire, trouver un métier qui ait du sens. Fini le marketing et le commerce. Claire a hâte d'annoncer sa décision à sa sœur, elle presse le pas. Elles pourraient s'associer. Des dizaines d'idées germent déjà dans sa tête. Avec la créativité de Juliette et son efficacité, elles feraient de grandes choses.

De retour à la maison, pendant que Juliette dort encore, Claire passe en revue les projets que sa sœur a évoqués : créer une boîte de coaching culturel, proposer des formations artistiques aux établissements sociaux, monter une société de conseil et d'accompagnement pour les cinéastes. Elle note quelques idées sur du papier. Quand Juliette entre dans la pièce pour prendre son petit déjeuner, Claire lui annonce sa reconversion. « Je ne sais pas encore ce que je vais faire, mais je ne veux plus vivre comme ça, toujours dans l'urgence, dans le stress. Je veux retrouver un job qui ait du sens. Regarde, j'ai développé quelques-unes de tes idées. » Juliette écarquille les yeux. « Eh bien toi, quand tu es décidée, tu vas droit au but ! Laisse-moi quand même prendre mon petit déjeuner, halte à l'urgence ! Je prépare le thé et on regarde ça ! »

Mi-amusée, mi-surprise de l'exaltation de sa sœur, Juliette lit avec ravissement les notes de Claire et partage son enthousiasme. À partir de chaque idée, celle-ci a ébauché une étude de marché. Les deux sœurs passent leur après-midi à parler de leur nouveau projet. « Quelle chance c'est d'être son propre patron ! — Ne pas recevoir d'ordre et ne pas en donner, c'est mon rêve. »

Le lendemain, alors que Claire fait quelques recherches sur le net pour réaliser un état du marché des coachs culturels, elle ouvre sa boîte mail. Elle s'était promis de ne pas le faire pour tenir le stress à distance, le temps de se refaire une santé. C'est ce que lui avait conseillé le médecin en signant le congé maladie. Mais l'icône brille sur l'écran, c'est si facile de cliquer. Voilà, c'est fait. Un nom attire son attention, Jean-François Pinson.

« Bonjour Claire Vermont,

Je suis Jean-François Pinson du cabinet International Talent. Je vous contacte car je suis commandité par un grand groupe pour promouvoir un beau poste et j'aimerais en discuter un peu avec vous et voir si vous êtes à l'écoute du marché. Quand puis-je vous joindre pour vous en parler ?

Bien cordialement,

JFP »

Tout s'embrouille dans la tête de Claire. International Talent, le plus gros cabinet de chasseurs de têtes. *Depuis plus de cinquante ans, le cabinet fournit des services innovants et aide à trouver les leaders de demain, de New York à Paris, de Londres à Moscou.* Pour qu'une entreprise lui ait confié la chasse, c'est que le poste à pourvoir doit être intéressant. Ce ne peut être qu'Alphabon ou Ekvie les deux principaux concurrents de Nutribel. Passer à la concurrence en obtenant une promotion, quelle revanche ce serait. Claire se met à imaginer le poste qu'on pourrait lui proposer. En quelques minutes, sa résolution de changer de vie est oubliée, l'exaltation retombée. « Il faut voir les choses en face, créer sa propre boîte, c'est très aléatoire. » Sans réfléchir, elle répond : « Si vous êtes disponible, vous pouvez m'appeler d'ici une heure. »

Le temps est court pour préparer un entretien crucial pour sa carrière, mais elle ne peut pas repousser la conversation, cela aurait été suspect. Claire ouvre un fichier Word et prépare les réponses aux questions habituelles d'un recruteur. Ses mains tremblent sur le clavier si bien qu'elle tape systématiquement sur la touche d'à côté. Son texte n'est qu'une suite de lettres aussi dépourvue de sens que le babil d'un enfant qui jouerait avec un traitement de texte. « Il faut que je me calme, c'est la chance de ma vie. » Un comprimé blanc. Claire le laisse fondre doucement sous sa langue. Une saveur amère et plâtreuse envahit sa bouche. Le tremblement s'atténue, une douce torpeur l'envahit. Claire fait ensuite fondre un comprimé orange dans un demi-verre d'eau. La seule sensation piquante du breuvage effervescent sur sa langue lui redonne de l'énergie. Un comprimé pour détendre, un comprimé pour booster, le cocktail fait son effet. Juliette est sortie faire des courses. Claire est prête.

Le chasseur de tête veut savoir ce que fait Claire en ce moment. « Je suis en train de lancer un nouveau produit chez Nutribel. » Ne jamais s'avouer en situation de faiblesse, savoir se faire désirer, Claire retrouve ses réflexes. « J'entends bien, je voulais juste savoir si vous étiez néanmoins à l'écoute du marché. » Claire prend une grande inspiration. Elle le laisse continuer. Il lui pose quelques questions sur sa formation, son expérience, ses loisirs. Claire sait qu'à l'autre bout du fil, le chasseur prend des notes qu'il interprétera pour dresser son profil.

L'entretien s'est bien passé. Il raccroche, juste au moment où Juliette rentre du marché. « Et si on faisait un café avant de repenser à notre projet ? — Je me suis peut-être un peu trop emballée hier, j'ai besoin de temps. — Oui, bien sûr, on ne change pas de vie en un jour ! C'est important de laisser décanter ses idées. » Juliette est confiante, Claire semble moins abattue. Elles profitent du dernier jour de repos avant de rentrer à Paris.

De retour à Paris, Claire retrouve Antonin rassuré de la retrouver combative. Claire fait partie des quatre profils sélectionnés par le chasseur. Antonin qui ne savait pas comment l'aider quand elle déprimait relit son CV et l'encourage. « Tu sais parfaitement te vendre. » « Serais-je un produit ? » pense furtivement Claire. « Tiens, je me mets à raisonner comme Juliette. »

Lors du second entretien téléphonique, Claire pose les bonnes questions, se fait préciser le contenu du poste, les raisons de sa vacance ainsi que les perspectives d'évolution. Grâce à la chimie, elle est à la fois détendue et énergique. Cet échange la galvanise. Tout redevient comme avant, normal, familier.

Elle est convoquée au siège d'Ekvie, la numéro deux du marché, la seule concurrente sérieuse de Nutribel. Elle établit un plan de travail. Dans sa tête, elle fait une étude de marché, imagine mille scénarios de développement du produit dont le titulaire du nouveau poste aura la charge, conçoit un plan com'. Mais son corps résiste. Tout réclame un effort titanesque. L'angoisse s'abat sur elle, comme une vague déferle, sans prévenir. Un mot, un souvenir la font replonger dans le cauchemar Nutribel et l'entraîne dans un ressassement sans fin. Et si la rumeur de son échec chez Nutribel parvenait jusqu'à Ekvie ? Comment faire taire le chœur qui hurle dans sa tête « tu as échoué, tu es finie ! » ? Un demi-comprimé. Un café. Un autre demi. Et pourquoi pas un verre ? Juste le temps de retrouver une vie professionnelle satisfaisante. Quand elle aura fait ses preuves dans son nouveau poste, elle arrêtera, Claire en est sûre. Le liquide ambré brûle sa gorge et réchauffe peu à peu son organisme, la tension se desserre et elle peut enfin coucher calmement ses idées sur le papier.

Le jour de l'entretien arrive enfin. Le DRH la reçoit dans un beau bureau gris et minimaliste. Un bonzaï sur une console constitue la seule décoration. Claire s'exprime comme une professionnelle sûre d'elle, fournissant des réponses lisses et solides, mûrement réfléchies. Comment elle voit la suite de son parcours ? « Toujours dans le marketing, mais en évoluant vers des fonctions managériales, c'est tellement enrichissant d'avoir une équipe autour de soi. » Le DRH lui demande pourquoi elle a inscrit « Littérature » dans la case Loisir de son CV. Claire désamorce immédiatement la présomption d'intellectualisme car dans l'entreprise s'adonner à une activité aussi inutile que la lecture vous classe dans la catégorie des intellectuels non assimilables à la chaîne de production : « La narration est au cœur du marketing. Les consommateurs n'achètent pas du soda, du café, de la lessive, ils achètent une belle histoire. » Claire a visé juste. Elle sourit, tentant de reproduire la décontraction des gens qui n'ont rien à cacher, comme ces jeunes femmes qu'elle a croisées en arrivant, bavardant un gobelet de café à la main sous la verrière de la cafétéria. À la fin de l'entretien, Claire a un bon pressentiment, elle se sent prête à tout recommencer.

Deux jours plus tard, la réponse tombe : elle a été choisie. Claire exulte. Une seule ombre au tableau : elle doit annoncer à Juliette que la création de leur boîte est reportée. « J'ai eu une opportunité que je ne pouvais pas refuser. » À l'autre bout du fil, Juliette reste silencieuse. « On peut toujours refuser », finit-elle par dire. Puis elle félicite Claire : « Si c'est ce que tu veux, ça me va, on aura d'autres opportunités comme tu dis ! » Elle appuie sur le mot pour bien souligner que le terme ne fait pas partie de son vocabulaire. « Je suis heureuse que tu comprennes. Je pense que c'est mieux pour moi. »

Claire se rend compte qu'elle n'a jamais envisagé sérieusement de quitter l'univers de la grande entreprise. Le projet avec sa sœur a joué le même rôle que le rêve d'île déserte qui saisit par intermittence tout salarié. L'idée d'une échappatoire suffit, il n'a jamais été question de mettre le projet à exécution.

Claire passe le seuil d'Ekvie. Deux oliviers dans des pots en terre vernissée trônent de part et d'autre de l'entrée. Elle aime déjà cet endroit. Tout y est tellement à sa place : le hall d'entrée qui arbore, avec ses tableaux abstraits, un air de galerie d'art, la batterie d'ascenseurs transparents ultra-rapides et silencieux, les baies vitrées au travers desquelles la ville scintille sous le soleil vif du matin, et le mur végétal si apaisant. *Le Jardin des Hespérides est votre partenaire végétal qui conçoit et réalise des intérieurs végétaux associant les bienfaits de la végétation à une technologie novatrice. Un petit coin de nature qui plongera vos collaborateurs et vos visiteurs dans une ambiance champêtre régénérante.* Claire est chez elle.

Pendant la semaine d'intégration, des réunions avec les nouvelles recrues et l'ensemble des managers sont organisées. Tous sont gorgés d'enthousiasme. Leurs expressions « jouer collectif », « penser positif », « ici c'est gagnant-gagnant », « une belle énergie circule dans le groupe » lui sont familières et rassurantes. Claire retrouve le ton juste, l'attitude adéquate, les mots qu'il faut. Elle se laisse imbiber par l'effervescence.

La semaine d'intégration se clôt par un cocktail de bienvenue au Grand Palais. Claire a mis beaucoup de temps pour se préparer, choisir cette robe noire cintrée qui la met en valeur sans être overdressed. Elle a pris rendez-vous chez un coiffeur célèbre où des femmes liftées et décorées des dernières créations de la place Vendôme détaillent sans pudeur leur vie sentimentale. Elle jette un dernier regard dans le miroir de l'ascenseur et sort de chez elle. Bien qu'il ne tombe qu'une légère bruine, à peine humide, elle ouvre le parapluie Hermès aux couleurs d'Ekvie qu'elle a reçu en cadeau de bienvenue, avec le tout dernier smartphone et une tenue de running Adidas. Elle vérifie l'heure sur sa montre Cartier, un cadeau d'Antonin pour fêter son nouveau job. Elle est pile à l'heure, le taxi l'attend en bas.

Elle monte la volée de marches qui la conduisent au cocktail sur la loggia. Un vigile vérifie son invitation et l'accueille chaleureusement. « Bonne soirée mademoiselle ! » Un serveur se précipite pour lui offrir une coupe et lui donner un sac en carton aux couleurs d'Ekvie. Finalement, le véritable privilège que procure le luxe ne réside pas dans la beauté des lieux, l'excellence des mets ou l'argent dont on dispose, mais dans l'empressement avec lequel tout le monde vous traite.

La lumière des projecteurs fait étinceler les bijoux et les verres. Par grappes de quatre ou cinq, les invités discutent entre eux. Claire parcourt l'assemblée du regard afin de choisir le groupe auquel se greffer. Ne jamais rester seul en public, ce serait laisser penser qu'on est asocial. Elle aperçoit Astrid et Marion, deux nouvelles comme elle. « Hello ! — J'adore cet endroit ! — Magnifique ! C'est trop bien d'être dehors. » Claire approuve, même si « être dehors » n'est pas exactement le terme le plus adapté pour désigner la galerie habillée de lumières aux couleurs d'Ekvie donnant sur un morceau de pelouse si méticuleusement tondue qu'elle semble artificielle.

Les trois filles commentent abondamment le contenu du sac qui vient de leur être remis, une boîte de macarons Ladurée, une clé USB, la biographie du P-DG d'Ekvie intitulée *Le meilleur de moi-même* avec une dédicace « Chère Claire Vermont, merci de nous avoir rejoints, à vous de donner le meilleur de vous-même ! »

« Et tu as déjà essayé le service de conciergerie d'Ekvie ? C'est génial, tu arrives le matin avec ton sac de linge sale, et en sortant du bureau tout ton linge est lavé et repassé. — On n'avait pas ça chez Nutribel. »

Le DRH va dire quelques mots. « Aujourd'hui, vous montez dans le bateau d'Ekvie, chaque jour nous recevons des dizaines de CV plus intéressants les uns que les autres. C'est vous que nous avons choisis. » Claire lève fièrement le menton. « C'est un grand jour pour vous mais c'est aussi un grand jour pour nous tous, car la vraie richesse de l'entreprise, ce ne sont pas nos vingt-cinq usines, ce ne sont pas nos quatre milliards de chiffre d'affaires annuel, non, ce sont ses hommes. » Claire fait une photo avec son smartphone pour l'envoyer à Antonin en voyage à Pékin. « Si l'entreprise est encore là aujourd'hui, c'est grâce à vous qui donnez sans relâche vos compétences, votre motivation, votre talent à Ekvie ! Bravo et merci d'avoir choisi Ekvie ! » Toute l'assemblée applaudit. Claire échange quelques mots ici ou là. Entre deux commentaires éclairés sur la croissance, deux allusions voluptueuses au bilan prévisionnel de l'entreprise, on parle avec envie de la promotion de la directrice financière. « Une belle machine de guerre à ce qu'il paraît. — Pour moi, c'est pas ça qui est décisif. Au-delà d'un certain niveau, c'est l'émotionnel qui fait la différence, le charisme, la capacité à entraîner, à faire que tes collaborateurs se dépassent pour toi. L'amour, quoi ! — Ou la peur. C'est important d'être craint, aussi. » Claire retient la réplique et grave dans sa mémoire le visage à la Brad Pitt de celui qui l'a prononcée. Il faudra penser à se méfier de lui. « Et il ne faut pas oublier le facteur chance, se trouver là au bon moment. Je ne sais plus qui disait que si Napoléon était né trente ans plus tôt il aurait peut-être fini simple caporal dans l'armée française. » Claire opine. « Forcément la concordance de temps et de personne, oui, ça, j'y crois fermement. » Le sosie de Brad Pitt attrape au passage une coupe de champagne. « Mais moi, je ne crois pas au hasard. Ceux qui invoquent la chance, ce sont ceux qui ne savent pas la saisir. »

Les voix et les verres qui s'entrechoquent se mêlent dans un bourdonnement sonore. Les serveurs virevoltent avec leurs plateaux d'argent. Claire saisit un petit-four rose vif. Ce mélange de douceur et d'acidité du bonbon de foie gras enrobé d'une coque caramélisée à la framboise lui rappelle quelque chose. Visiblement Fauchon a le monopole des soirées d'entreprise. Elle avale la bouchée rapidement et chasse le goût d'une gorgée de champagne. Elle rit un peu trop fort à la plaisanterie de Marion. Un jeune homme très bronzé interpelle Astrid et se joint au petit groupe. « Comment va ta petite famille ? » Astrid fait les présentations. « Génial, vous venez de Nutribel ! Et vous connaissez Corinne Verdier, c'est une très bonne amie de mes parents. » Au seul nom de Corinne, Claire sent une vague de panique l'envahir. Est-il au courant ? Cette histoire va-t-elle la poursuivre jusqu'ici ? Ses mains s'accrochent à la coupe de champagne comme si elle était le seul ancrage de son esprit à la dérive. « Euh oui, bien sûr, j'ai beaucoup appris en travaillant avec Corinne. » Claire peine à conserver son sourire. « Excusez-moi, j'aperçois quelqu'un que je veux saluer, là-bas. » D'un pas qui se veut calme, Claire s'éloigne dans la foule. Elle entre aux toilettes. Elle se regarde dans le miroir, elle a bonne mine : peau éclatante, cheveux brillants parfaitement lissés, regard reposé. À l'intérieur, elle se sent en morceaux. Elle attrape la petite boîte de pastilles à la réglisse rapportée d'Italie le week-end dernier avec Antonin. Elle fait glisser un comprimé dans sa main, le coupe en deux. Elle avale le médicament blanc. Allez un peu de courage. Un autre demi-comprimé. Elle rejoint la salle, attentive à ses pas comme un mannequin lors de son premier défilé. Cinq minutes plus tard, la chimie fait effet, Claire rit aux éclats.

REMERCIEMENTS

Merci à Fabrice, Lauren, Aymeric et Sophie qui ont lu les premières tentatives de ce qui allait devenir ce roman et m'ont encouragée à continuer. Merci pour leur amitié et leurs conseils à Christophe, Virginie, Ariane et Jean-Marc dont la présence dans la dernière ligne droite a été décisive. Merci enfin à Guillaume, Charlotte, Nadine et Bruno qui sauront pourquoi.